建设绿色丝绸之路
——中国海外电力投融资转型研究

Toward A Green Belt and Road: A Study of China's
Overseas Power Financing in Transition

王建业 等 著

中国金融出版社

责任编辑：王慧荣

责任校对：潘　洁

责任印制：程　颖

图书在版编目（CIP）数据

建设绿色丝绸之路：中国海外电力投融资转型研究/王建业等著. —北京：中国金融出版社，2022.3

ISBN 978-7-5220-1544-6

Ⅰ.①建… Ⅱ.①王… Ⅲ.①电力工业—对外经济—投融资体制—研究—中国 Ⅳ.①F426.61

中国版本图书馆CIP数据核字（2022）第034432号

建设绿色丝绸之路：中国海外电力投融资转型研究
JIANSHE LÜSE SICHOU ZHI LU: ZHONGGUO HAI WAI DIANLI
TOURONGZI ZHUANXING YANJIU

出版
发行　中国金融出版社

社址　北京市丰台区益泽路2号

市场开发部　（010）66024766，63805472，63439533（传真）

网 上 书 店　www.cfph.cn

　　　　　　（010）66024766，63372837（传真）

读者服务部　（010）66070833，62568380

邮编　100071

经销　新华书店

印刷　保利达印务有限公司

尺寸　169毫米×239毫米

印张　12.5

字数　140千

版次　2022年3月第1版

印次　2022年3月第1次印刷

定价　45.00元

ISBN 978-7-5220-1544-6

如出现印装错误本社负责调换　联系电话（010）63263947

前　言

本书定稿期间迎来了《格拉斯哥气候协定》的签署，以及《中美关于在 21 世纪 20 年代强化气候行动的格拉斯哥联合宣言》。国际社会进入加快落实《巴黎气候变化协定》的关键十年，缔约方首次同意采取行动逐步减少化石燃料的使用，尤其是煤炭、煤电。希望本书的研究着眼人类未来，考虑独特国情，反映真实问题，提供有用建议。

本书由广州国际金融研究院（广州大学金融研究院）名誉院长、特聘教授王建业牵头，课题组主要成员包括研究院客座教授程宜荪、徐晓红。北京航空航天大学教授朱磊参加后期研究和撰稿，毛渊龙博士、中国人民大学副教授周文戟参加前期工作和讨论，珠海得分金融科技公司研究人员王宇协助课题管理、参加调研和资料整理，张利群协助数据工作。本书的初稿由下列成员撰写：第一、第二、第七章为王建业；第三章为徐晓红；第四章为朱磊；第五、第六章为徐晓红、朱磊；附录一为王建业、毛渊龙；附录二为毛渊龙、徐晓红、程宜荪；附录三为王建业。王建业负责全书的编辑、修改、定稿。

感谢广州大学、广州国际金融研究院、世界资源研究所对本研究的大力支持，以及调研企业和金融机构专家的宝贵意见和建议。这些企业、机构包括中国能源建设集团广东火电工程有限公司、广东电力设计研究院有限公司，中国电建集团海外投资有限公司，国家能源集团龙源电力海外投资有限公司，上海电气电站工程公司，晶科电力科技股份有限公司；中国出口信用保险公司、中国进出口银行"一带一路"金融研究院、丝路基金有限责任公司、丝元投资有限责任公司、绿色技术银行。特别感谢参加课题结题讨论的国际金融论坛秘书长、金砖国家新开发银行原副行长祝宪，以及对外投融资领域专家杨捷汉、李晓炜和赵众卜专业、坦率的评论和建议。感谢世界资源研究所刘爽和北京团队在资料和数据方面的帮助，以及上海纽约大学参加2021年4月"'一带一路'电力投融资转型"讲座老师和学生的问题和反馈。我在金融机构的前同事李彬、凡弦以及李晓炜对我们的企业调研提供了诸多帮助，特此表示感谢。

本书所用数据全部来自公开渠道，不涉商业机密，书中所有的错漏与上述机构、专家无关。本人对本书的观点和存在的问题负责。

王建业

2021 年 12 月

目　录

摘　要

　　本书研究中国海外尤其是"一带一路"国家和地区电力股权债权（投融资）的可持续问题。可持续问题涵盖环境、债务等方面，本书侧重前者，也就是向绿色、"双碳"（碳达峰、碳中和）转型。本书回答的主要问题是：（1）大变局带来哪些变化？新冠肺炎疫情暴发以来海外环境和市场发生了哪些影响电力投融资可持续的重大变化？（2）我国海外电力投融资的现状和特点是什么？近年来尤其是2013年以来的发展、格局和趋势是什么？主要参与方和融资模式发生了什么变化？（3）我国海外电力投融资留下多少碳足迹？"一带一路"倡议提出后发生了什么变化？（4）实现绿色转型的现实困难和主要挑战是什么？如何应对这些挑战？如果困难和机遇并存，机遇在哪里？（5）如何加快转型，降低转型的成本？我国电力投融资产业链各环节有什么可供借鉴推广的经验？

　　通过企业调研、数据分析、模型估算对上述问题进行分析，并结合中国不再新建境外煤电的承诺，问题实质是：传统电力（主要是煤电）投融资不可持续，新能源电力海外市场开拓与我国相关产业的比较优势不匹配，如何抓住机遇，推动转型，促进海外投融资可持续发展。本书的建议是：（1）有序退出煤电等化石能源电力；（2）积极应对新能源替代化石能源电力转型期的风险；（3）以市场化手段化解传统产业的过剩产能；（4）加大支持技术创新的力度，包括用好研发补贴；(5) 推动海外电力投融资从官方参与、国有企业为主，基于担保抵押的公司融资模式，向更市场化、民营企业和国有企业共同参与，基于项目风险、资产、收入的模式转型，关键在解决新能源民营企业的融资难题；（6）减少新能源企业开发海外市场的其他体制机制障碍；（7）用好官方支持的国际投融资；（8）改进国有企业海外投融资的激励机制；（9）加强新能源电力海外市场的国别研究。

Abstract

This study focuses on the sustainability of China's equity and debt financing for power generation and development projects abroad. It is a major component of China's overall outward financing, particularly in the Belt and Road regions. Sustainability issues could arise from climate change and/or excess buildup of external debt by the recipient countries. This study is primarily concerned about the former, i.e., issues in the transitions towards reaching peak and net-zero points of regional carbon emissions. Since energy and infrastructure development accounted for the bulk of China's outward direct investment and medium- and long-term loan financing under the Belt and Road Initiative (BRI), this study, in essence, is also about the sustainability of the Initiative.

The existing literature in this area is comprised of two approaches. One, mostly by academic and thinktank researchers abroad tried to quantify the developments and impact with data collected from news media and other open sources. The other, mainly by domestic scholars, generally had a better grasp of the facts and problems on the ground but lacked quantitative analysis. This study intends to contribute to the literature and to advance the research by combining these two approaches, by utilizing both additional updated data and first-hand enterprise-level observations.

We are at a historic juncture, fighting with the wide impact of a global pandemic and facing stark challenges in achieving the 2030 goals of the *Paris Agreement*. Key questions raised at outset of the study are: (1) Have there been fundamental shifts in the key factors that affect the sustainability of China-financed overseas power projects? If yes, what are they? (2) What are the key characteristics of China-financed power projects abroad, especially since 2013 when the BRI was launched? Have there been changes in the participating enterprises and their funding modes? (3) What is the carbon footprint of these projects? What are the changes since the launching of the BRI? (4) What are the major difficulties and challenges in the transition from coal-fired and other high carbon emission electricity to green power, such as solar, wind, and other renewable energy? Are there also opportunities? (5) How could we better cope with these challenges, speed up the transformation, and reduce the transition costs?

Our key findings are: (1) Recipient countries' energy/electricity planning and environmental protection policies, along with multilateral development banks and developed countries financing and insurance cover, as well as levelized cost of electricity (LCOE) have all changed markedly, rendering new coal-fired electricity generation projects unsustainable. (2) A large part of China-financed power projects were coal-fired, mainly in Southeast Asia and South

Asia. New energy (mainly solar and wind) power accounted for a small part, in contrast to the rapid development of these industries, notably solar power within China. (3) Our rough carbon footprint estimates indicated that China-financed power projects accounted for a noticeable share of carbon emissions in a few recipient countries. However, average emissions over the total installed capacity declined in major markets since the launching of the BRI, as China-financed renewable power projects increased in recent years. (4) There are significant risks in the transition from fossil fuel to renewable energy power. The transitional costs of switching to new energy power could be underestimated because of large uncertainties, such as the intermittency of new energy power supply and application constraints at scale. Other challenges include technology bottlenecks, adjustment of traditional industry, and financing difficulties of private new energy companies. (5) The Chinese authorities, including the central bank, have rolled out supportive policies to facilitate the transition toward a green economy. There have also been adjustments and innovations in the corporate sector to reorient to a lower carbon economy.

Considering China's energy endowment and present stages of industrialization and urbanization, we note that the country is facing higher risk and transition costs to achieve a green and low-carbon power system, compared to advanced economies and some emerging market countries. To cope with these challenges at home and facilitate the green transition in power financing abroad, we have made several recommendations, including: exiting from coal and over time other fossil fueled power projects abroad; addressing climate and other transitional risks pro-actively; strengthening support for technological innovations to overcome intermittency of new energy and to increase new energy's share in the electricity system; facilitating the adjustment in overseas project funding modes; mitigating the financing difficulties of private new energy companies; furthering reforms in officially-supported financing; and developing cooperatively with the relevant players on country specific transitional strategy and plans for the major developing countries along the Belt and Road. We believe these measures would go a long way toward maintaining the sustainability of China's overseas financing，building a green Belt and Road，and contributing to the global endeavor under the Paris and Glasgow Agreements.

第一章

"一带一路"投融资的
可持续课题

1.1 百年未有之大变局

进入 21 世纪以来，尤其是国际金融危机以后，我国在世界经济中所占比重快速上升，迅速成为海外投融资大国。据联合国贸易发展会议年度投资报告，我国对外投资由 2010 年的 688 亿美元增加至 2019 年的 1369 亿美元，占世界对外投资的比重由 4.6% 增加到 10.4%，年度对外投资规模居全球第二位。我国的对外直接投资存量也从 2010 年的 0.3 万亿美元升至 2019 年的 2.2 万亿美元，仅次于美国和荷兰，居全球第三位，2020 年底进一步增至 2.4 万亿美元（其中非金融企业 2.1 万亿美元）。海外贷款（不包括贸易信贷）余额也从 2010 年的 0.1 万亿美元增加至 2020 年底的 0.8 万亿美元。[①] 我国已成为发展中国家的最大官方双边债权国。[②] 海外投融资推动了我国对外工程承包业务的发展，年度完成营业额十年翻番，2019 年达到 1729 亿美元。[③]

2013 年，我国发起"一带一路"倡议，"一带一路"沿线国家成为新时代我国海外投融资的重要区域。商务部年度统计公报数据显示，沿线 65 国在我国对外投资总额中的占比从 2015 年的 10.2% 上升至 2019 年的 13.7%，在我国对外承包工程总金额中的

---

① 资料来源：国家外汇管理局，《中国国际投资头寸表》。
② 资料来源：世界银行，《国家债务统计 2021》。
③ 资料来源：商务部年度对外直接投资和对外承包工程统计公报。

占比从 45% 升至 56.6%。通过"共商　共建　共享",我国对外投融资和工程承包为欧亚区域和平发展注入动力,推动沿线国家政策沟通、设施联通、贸易畅通、资金融通和民心相通。

我国经济的崛起改变了世界格局,最近几年的"大变局"也深刻地影响我国的对外投融资和海外资产。尽管我国人均国民收入只相当于中上收入国家水平,但我国加入世界贸易组织后工业化进程迅速,在全球产出、贸易、供应链、投资、乃至金融中地位的上升已对原有世界秩序产生重大影响。随之而来的国际政治经济格局调整或大变局是"世界之变,时代之变,历史之变",对我国对外投融资的可持续及我国海外资产的安全带来了前所未有的挑战。

"大国竞争"推高地缘政治风险。从贸易战、科技战,到供应链重构,经济全球化遭遇逆流。"战略竞争"名义下的各种显性或隐性的管制和限制为商品、资本、人才、技术的跨境流动制造了障碍,推高了国际贸易金融的非传统风险,包括动辄制裁的风险。七国集团在后疫情时代发起的"全球基础设施倡议"也增加竞争和不确定性。

应对气候变化改变未来,改写风险。《巴黎气候变化协定》(以下简称《巴黎协定》)设定的 2030 年目标及其他全球共识,经过几年的博弈,正在变为各国节能减排的具体行动。近 200 个参加《联合国气候变化框架公约》第 26 次缔约方大会(以下简称COP26 大会)的国家谈判代表签署了《格拉斯哥气候协定》,为《巴黎协定》实施提供指导方针的《巴黎规则手册》也在这次大会完成。市场主体将不得不面对过去长期被忽略的社会和环境成本,应对气候变化的努力正在改变能源、产业、经济、金融。碳达峰、碳中和对人类社会影响深远，新的风险伴随新的机遇。

中低收入国家的债务偿付困境已不容忽视。新冠肺炎疫情的打击使中低收入国家债务偿付困难进一步显现。在符合二十国集团 2020 年"暂停偿债倡议"的 73 个发展中国家中，实际暂停偿付的有 46 国。在低收入国家中，按国际货币基金组织—世界银行联合债务可持续性分析，疫情暴发前已有 6 国陷入债务危机，27 国存在高债务风险。2021 年已有 3 国要求在二十国集团"债务处置共同框架"下债务重组。

科技创新打破旧有模式、加快更新换代。科技革命在带来创新的同时，也带来"创造性破坏"，产品、技术、市场的迭代影响资源配置和资产质量，尤其是对大投入额、长回收期行业的投融资。科技研发是"大国竞争"的焦点，应对气候变化需要科技进步，科技的突破发展也最终决定人类保护生存环境的进程。应对以上挑战需要国际协调、多边合作，但多边的国际治理体系也深陷危机。

世界进入动荡变革期，大变局带来大挑战，也带来大机遇，我们必须因势而谋，顺势而为。我国经济的健康发展与海外投融资的可持续密切相关。从共同构建人与自然生命共同体的全局出发，我国已作出建设"绿色丝绸之路"的战略决策。本书的主题，从实质上来说，是我国海外投融资尤其是"一带一路"倡议在百年未有之大变局背景下的可持续问题。

1.2 研究的问题、范围和方法

我国对外直接投资、中长期信贷、国际工程承包的行业分布相关度较高，海外投融资主要集中在能源和基础设施。从商务部定期发布的对外投资统计和境外智库收集（主要是项目合同）的数据来看，我国 2013—2020 年在"一带一路"沿线国家和地区超过三分之二的投资在能源和基础设施领域。能源行业中，化石燃料（燃煤、石油、天然气）占较大比重，2013—2015 年超过70%，近年来有所下降，但仍占能源投资的多数。横跨能源和基础设施的是电力行业。电力行业既是中低收入国家必需的基础设施，也消耗了最多的化石燃料。电力投融资转型不仅受全球碳减排的直接冲击，还受科技创新的颠覆性影响，是建设绿色丝绸之路，实施"绿色基建、绿色能源、绿色交通、绿色金融"行动倡议的关键。

本书研究中国海外（主要是"一带一路"国家和地区）电力股权债权（投融资）可持续问题。可持续问题涵盖环境、债务等方面，本书的研究侧重前者，也就是绿色转型，将回答以下几个主要问题：[①]

（1）大变局带来哪些变化？疫情暴发以来海外环境和市场发生了哪些影响电力投融资可持续的重大变化？

（2）我国海外电力投融资的现状和特点是什么？近年来尤其是 2013 年以来的发展、格局和趋势是什么？主要参与方和融资模式发生了什么变化？

（3）我国海外电力投融资留下多少碳足迹？"一带一路"倡议提出后发生了什么变化？

（4）实现绿色转型的现实困难和主要挑战是什么？如何应对这些挑战？如果困难和机遇并存，机遇在哪里？

---

① 王建业（2020，2021）讨论中国与中低收入国家的债务问题。

（5）**如何加快转型，降低转型的成本？**我国电力投融资产业链各环节有什么可供借鉴推广的经验？有哪些推动绿色转型，促进海外投融资可持续发展的建议？

本书研究的范围包括所有对电力行业的投融资，主要是发电，也涉及其他电力资产，如电力输配网络。从传统或化石能源电力向可再生能源电力转型，由于可再生能源的间歇性，配套基础设施也很重要。从概念上来说，本书区分可再生能源与新能源。可再生能源包括水电、生物发电等，大型水电项目不仅资金密集，而且可利用资源有限，开发也受人口搬迁、生态保护、甲烷排放等制约。单位甲烷的温室气体效应是二氧化碳的许多倍。这也是 2021 年 11 月联合国 COP26 大会与会国就控制、减少甲烷排放达成共识的原因。在实现碳达峰、碳中和目标的过程中，替代煤电的主要是以太阳能和风能为代表的新能源电力。煤电和新能源电力因此是本书研究的重点。

本书使用的数据有两个主要来源，国家发展和改革委员会公开的立项数据和世界资源研究所（World Resource Institute）通过国际公开渠道收集整理的数据。课题组的数据库在此基础上根据国内主管部门的最新统计调整、补充、扩展而成，包括中国国有企业和民营企业在全球，主要是"一带一路"发展中国家的投融资活动。数据覆盖 2000—2019 年，但重点研究的是 2013 年至今的数据，2020—2021 年在缺乏统计数据的情况下，辅以案例和互联网收集的资料。

本书的研究方法是实证和调研。以事实为依据，基于数据的量化分析。除了统计分析，量化研究还包括通过建立模型对难以收集或没有官方统计的重要数据进行估算。这一领域的量化研究因数据来源、统计口径、披露程度等具有局限性，使案例分析成为必不可少的补充。本书对相关行业、企业的调研不仅对理解数据有帮助，而且对发现真正的问题、挖掘问题的根源、寻找实用可行的解决办法至关重要。基于企业调研的分析和思考是本书与境外智库对这一课题研究的主要区别。

1.3　本书的特点和创新

对百年未有之大变局下我国对外投融资可持续问题基于数据的研究不多，聚焦电力投融资的环境风险和绿色转型的更少。商务部每年组织编写的《中国对外投资合作发展报告》总结上年度发展的特点和经验，介绍相关的政策措施，并分析典型实践案例。该报告的"区域合作篇"包含"一带一路"沿线国家的章节，但最近几年（2018—2020 年）该报告的"行业发展篇"均没有覆盖能源或电力行业。[1] 经济合作与发展组织（OECD，2018）注意到电力占亚洲基础设施投资需求的 50% 以上，收集了我国主要国有机构"一带一路"投融资敞口的信息，也注意到我国对外投资的不良资产问题，但没有基于数据的系统研究，也没有可持续性分析。[2]

与本书研究范围和方法比较相近的近期文献有中央财经大学绿色金融研究院（2020）和 Ma，X. et al. (2021)，分别运用不同的数据库资料分析我国在全球及"一带一路"国家能源领域的投资。Li，Z. et al. (2019) 运用 Platts 世界电力数据库对我国对外电力直接投资在全球的地域和技术分布，以及（煤电项目）污染强度进

---

[1]　各年度《中国对外投资发展报告》，https://www.mofcom.gov.cn。
[2]　OECD（2018）.

行了详细的分析。Scissor，D. (2020) 观察到我国对外投资有所下降，民营企业在我国全部对外投资中的比重上升。Ma，X.（2020）对我国海外电力直接投资的研究扩展到贷款融资，纳入了中国进出口银行和国家开发银行的信贷数据。Chen，X. et al. (2020) 比较了中国与多边发展银行、日韩官方支持的发展机构对中低收入国家电力的投融资。清华大学国家金融研究院绿色金融发展研究中心与创绿研究院（2020）专注于我国企业对"一带一路"国家可再生能源项目投融资的模式和存在的问题。

对于新冠肺炎疫情冲击下我国对外投融资的风险，Ma，X. et al. (2021) 根据中国两家主要银行的数据，认为疫情加深了中国海外能源融资从 2016—2017 年水平的下降。Han，J. and C. N. Wang (2021) 则通过孟加拉国在疫情期间取消部分煤电项目的案例分析"一带一路"国家电力投资的趋势和决定因素。张文合（2021）从世界银行投资担保的角度指出新形势下我国对外投资和"一带一路"建设面临的各种挑战和风险，包括疫情对东道国支付能力的影响、项目经济效益、合规（含世界银行制裁名单）风险和环境社会问题，但缺乏量化的分析。中节能咨询（2021）通过调研聚焦央企在"一带一路"能源基础设施投资项目的环境和社会风险管理问题，强调完善制度、加强规范、改进利益相关方沟通。

与近期文献相比，本研究的特点有以下几个方面。

第一，以更新的信息分析大变局对我国海外投融资可持续性的影响，包括新冠肺炎疫情以来的数据和案例更新。

第二，所用资料相对更全，数据案例不仅包括直接投资，而且包括中长期信贷，也不局限于两家主要发展融资银行；不仅包括央企和国企，而且包括日渐重要的民营企业；不仅包括发电资产，而且包括非发电资产。由于本书主要关注已签署"一带一路"合作协议的国家 2013—2020 年的数据，数据库包括的电站数目小于境外智库更长时间跨度研究的电站数量。

第三，集中研究对"一带一路"投融资中需求最大，受碳达峰、碳中和影响最大的电力投融资，尽可能客观地估算碳排放"足迹"。

第四，更关注实践中出现的问题，总结比较以煤电为代表的传统能源与以光伏、风电为代表的新能源电力项目投融资模式和参与方的变化，着眼海外市场绿色转型与国内产业链调整的关系。

本书与国内智库的同类研究相比，更注重基于数据和事实的分析；与境外智库相比，企业调研发挥了无可比拟的作用。本书反映的情况因此更贴近现实，对转型的困难估计得更充分，相关结论和建议可能更中肯、更有参考价值。

1.4　本书的结构和主要结论

第一章给出本书的研究背景、研究对象和核心问题，第二章分析疫情冲击下我国海外电力投融资市场环境，尤其是东道国能源电力政策，不同类型电力全生命周期成本等的最新变化，以及这些变化对我国投融资可持续性及海外电力资产风险的影响。第三章提供本书最重要的基于统计或可收集数据的分析，从发展历程、趋势变化看大变局下的现状，传统能源和新能源电力项目投融资模式和风险的区别，绿色转型的压力和主要责任方。海外已建成运营煤电的容量和分布为第四章估算碳排放提供了基础数据。第四章构建估算模型，解释所用的方法、参数、依据，给出估算的结果，对结果的解读并客观地指出估算的局限性。碳足迹的估算进一步说明以煤电为代表的化石燃料电力在全球碳达峰、碳中和的环境下不可持续。第五章讨论绿色转型的国内外挑战，经济和非经济制约，技术和非技术的困难，也讨论转型带来的巨大机遇。第六章概述我国近年来相继出台的推动能源、电力行业绿色转型的相关政策，回顾中央银行和金融监管部门推动绿色金融发展、解决民营企业融资难和融资贵问题的举措，指出我国的制度和政策环境在与时俱进，为第七章提供政策和制度背景。第七章指出，建设绿色丝绸之路需要克服困难，规避风险，加快转型；总结我国海外电力投融资产业链各环节企业绿色转型、可持续发展的经验和案例，提出对推进绿色转型、降低转型成本的建议。

本书以广州国际金融研究院的四项研究为前期成果，其中2021年4月中旬题为"适时调整我国海外电力投融资政策"的简报明确指出"我国海外电力投融资市场已发生质的变化：煤电和可再生能源电力的风险、成本、收益明显分化，新建煤电的风险不断加大，已超过预期收益"，并建议有关部门"审时度势，权衡利弊，在适当时机宣布停止海外新建煤电投融资的政策"。上述判断和建议仍然是本书的主要结论。我国领导人在2021年9月的联合国大会上宣布停止新建境外煤电；在最近的联合国COP26大会上，四十余国，包括我国"一带一路"电力投融资的重要市场和我国海外煤电市场的竞争对手，承诺2030年淘汰煤电。其他三项研究分别涉及新能源电力的"卡脖子"技术和研发补贴政策，气候变化风险与电力市场化改革，电力项目的绿色转型与投融资模式转变、解决新能源民营企业的融资难题。这些研究也对我们的结论和建议提供了支撑，收入本书的附录。

本书对提出的五个问题的回答分别是：（1）东道国能源和环保政策、国际其他电力投融资提供方、电力全生命周期成本，以及疫情暴发以来海外市场的实际情况印证了煤电等高排放化石能源电力投融资不可持续，必须改变。（2）我国海外电力投融资绝大部分涉及传统能源，煤电占比很高，地域以东南亚和南亚发展中国家为主。新能源电力占比低，海外市场拓展与我国产业优势差距较大。（3）中资支持的电厂在主要海外市场碳排放占比不低，但"一带一路"倡议提出后，随着可再生能源电力项目的推进，中资支持电厂装机容量平均碳排放在下降。（4）实现绿色转型的困难和挑战内外并存，国内为主，包括煤电等传统电力产业产能过剩，新能源民营企业融资难、成本高，新能源替代化石能源的全电力成本很不确定、容易低估，科技瓶颈、资源制约，实现碳达峰、碳中和目标转型期的风险。绿色发展在市场需求、科技创新、市场融资等方面也蕴藏巨大商机。（5）本书总结了政府政策引导、企业创新探索、金融发力支持以促进绿色转型和降低转型成本的例子，指出由于我国的特定国情，转型的风险和成本比发达国家和某些新兴市场国家高，必须高度重视转型期的风险，走一条适合国情、稳定发展、造福人类的转型之路。

在我国领导人宣布不再新建境外煤电后，我们面对的问题实质是：传统电力（主要是煤电）投融资不可持续，新能源电力海外市场开拓又举步维艰，如何充分发挥我国新能源产业的优势，抓住机遇，推动转型，促进海外投融资可持续发展。本书最后提出九条建议：有序退出煤电等化石能源电力；积极应对转型期的风险；以市场手段化解过剩产能；加大支持技术创新的力度，包括用好研发补贴；推动海外电力投融资从官方参与、国有企业为主，基于担保抵押的公司融资模式，向更市场化、民营企业和国有企业共同参与，基于项目风险、资产、收入的模式转型；减少新能源企业开发海外市场的其他体制机制障碍；用好官方支持的国际投融资；改进国有企业海外投融资的激励机制；加强新能源电力海外市场的国别研究。

第二章
疫情下的国际变局

2.1　后疫情时代的国际责任与合作

我国在 2020 年 9 月的联合国大会上承诺力争"2030 年碳达峰""2060 年碳中和"。在年底的气候雄心峰会上我国进一步宣布了 2030 年单位 GDP 碳排放，非化石能源占一次能源的比重，风力、光伏发电总装机容量等具体目标。2021 年 3 月 15 日召开的中央财经委员会第九次会议更是对电力行业在 "十四五" 碳达峰关键期提出明确要求，"深化电力体制改革，构建以新能源为主的新型电力系统"；"加强风险识别与管控"，"形成有效的激励约束机制"；"加强应对气候变化的国际合作，推进国际规则标准制定，建设绿色丝绸之路"。①

后疫情时代大国关系错综复杂，应对气候变化是合作可能性最大的领域之一。气候变化的影响无国界，但碳减排的成本各国不同。发达国家工业化较早，人均累积碳排放远高于发展中国家，要求发展中国家牺牲发展实现减排是不公平的。尽管如此，我国从人类命运共同体的全局出发，已作出了碳达峰、碳中和这一"深思熟虑的重大战略决策"，体现了大国的担当。发达国家如美国也面临碳转型中传统行业、地区就业和经济增长的成本，导致特朗普政府 2017 年退出《巴黎协定》。2021 年拜登就任美国

---

① 参见 www.gov.cn/xinwen/2021-03/15/content_5593154.htm。

总统后重返《巴黎协定》，承诺"2050 年碳中和""2035 年发电净零排放"等目标，给这一领域的大国合作带来契机。[①]

中美同为碳排放大国，作为最大的发展中国家和最大的发达国家，在应对气候变化中负有特殊责任，需要国际协调和合作。据国际货币基金组织（IMF）对 2030 年全球碳排放的基线（假定没有新的重大减排举措）预测，中美两国碳排放将占全球的一半（见图 2.1）。[②] 因此，两国的行动对实现《巴黎协定》将 2030 年全球变暖控制在 1.5~2.0 摄氏度的目标至关重要。不管是制定更严格的能效标准，建立市场化的激励机制（如碳排放交易），运用财政、监管等政策工具（如碳定价，征收碳税，"收费退费法"），还是解决各国激励机制相容、发展阶段不同国家之间的公平问题（如引入国际碳价下限、碳边境调节机制等），都需要大国带头、推动，更需要大国协调、合作，以解决落实《巴黎协定》的集体行动问题，消除各国对于减排影响竞争力以及部分国家"搭便车"违背减排承诺的担忧。中美两国在联合国 COP26 大会期间发表《中美关于在 21 世纪 20 年代强化气候行动的格拉斯哥联合宣言》，为全球落实《巴黎协定》提供了动力。

除了国际责任和大国关系，我国的海外电力投融资市场在过去的一年多发生了深刻的变化。受新冠肺炎疫情的影响，2020 年全球经济收缩，电力需求下降，燃煤电站、油气等石化能源电站的建设放慢、融资困难增加。与此同时，以太阳能和风能为代表的新能源电力成本持续下降，国际电力投融资环境发生了质的变化。

---

① 参见 "Biden Plan for a Clean Energy Revolution and Environmental Justice"，https://joebiden.com/climate-plan/。

② IMF (2019)，Parry (2021)。据（BP，2021）计算，2020 年中国占全球碳排放的 30.7%，美国占 13.8%。

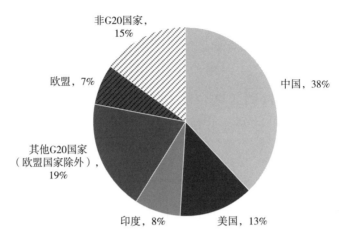

图2.1　IMF基线预测：2030年全球碳排放

［资料来源：IMF（2019），Parry（2021）］

2.2　各类电力全生命周期成本的变化

电力行业在全球碳减排中首当其冲，煤、油气等化石燃料发电又是电力行业最大的碳排放来源。有关研究表明，导致全球气候变暖的温室气体有 3/4 来自二氧化碳排放，后者有超过 4/5 来自煤、油、气燃料。使用化石燃料最多的是电力行业，远高于交通运输业和工业。[①] 据比尔·盖茨收集的数据，化石能源发电占全球发电的 62%，其中煤占 36%、天然气占 23%、油占 3%。[②] 国际上对燃煤、燃气、燃油的碳排放因子有专业的研究。因发电机组所用技术等差别很大，即使是较新的清洁煤电技术（超临界、超超临界），可供参考的燃煤碳排放因子仍然远高于燃油和燃气，比较有代表性的排放因子数据是燃煤 0.742 千克 / 千瓦时

[①] 全球温室气体排放构成 2016 年、2018 年数据见 IMF（2019），Parry（2021）。

[②] Gates（2021）.

（kg/kW·h）、燃油 0.533kg/kW·h、燃气 0.343kg/kW·h。[①] 因此，减少发电对化石能源尤其是煤的依赖是遏制全球变暖最关键、最必要的举措之一。单位甲烷的温室气体效应是二氧化碳的许多倍。2021 年 11 月，联合国 COP26 大会与会国就控制、减少甲烷排放达成共识，对涉及植被的大型水电等发电项目也形成了一定制约。

新冠肺炎疫情暴发以来，燃煤电站融资困难的增加有世界经济衰退暂时性的影响，更有化石相对于可再生能源全生命周期平准化度电成本（Levelized Cost of Electricity，LCOE）重大变化的趋势性因素。LCOE 用于评估各类能源不同技术在不同监管环境下的发电成本，对电力项目的可行性分析、投融资决策都有重要影响。这些成本包括投资建设成本，运营维护（包括燃料、碳排放合规等）成本，以及退役清除成本。以上成本之和与电站从投产到退役发电量折现的比率就是 LCOE。科技进步、碳排放等环保管制以及各种成本的未来趋势都是研判 LCOE 的重要因素。

据国际能源署（IEA）和 OECD 核能署（NEA）2020 年共同发布的报告，全球来看，风电、光伏发电 LCOE 的中位价已低于或接近煤电。采用分布在 24 个国家 243 个电厂的数据估算，煤电的中位价格为 88 美元 / 千千瓦时左右，而陆上风电已经降至 50 美元 / 千千瓦时，海上风电和煤电持平，大型地面光伏电站的中位价格低于煤电（56 美元 / 千千瓦时）。该报告还指出，可再生能源的成本竞争力也受不同的国家和地区的资源禀赋等具体条件的影响。如中国的煤电 LCOE 低于美国、日本、印度等国，而日

---

① IPCC (2006)，JCM (2019).

本的可再生能源 LCOE 目前仍然高于化石能源发电。总体来看，随着技术进步，减排压力加大，碳价的增加，可再生能源的成本优势还会进一步扩大。[①] 最近几年国内可再生能源指导电价、上网电价的下降，以及国际可再生能源机构（IRENA）对我国陆地风电和太阳能发电 LCOE 下降的计量就是很好的证明。[②]

我国海外煤电投资主要在东南亚和南亚的"一带一路"国家，这些国家的化石与可再生能源电力 LCOE 的比率已进入拐点区域。按 2000—2019 年以股权或债权参与的项目数和新建装机容量，中国企业在"一带一路"沿线最大的煤电市场是印度尼西亚、越南、巴基斯坦、印度、孟加拉国、菲律宾等。[③]

据专业的气候风险研究机构 Carbon Tracker 的资料，新建风电、光伏电站 LCOE 在东南亚的越南、菲律宾、印度尼西亚（风电拐点在 2021 年）、南亚的印度、巴基斯坦、孟加拉国已经比新建煤电站更低。印度、孟加拉国由于在可再生能源方面的比较优势将在 2022 年到达另一拐点：新建可再生能源电站比运营已建煤电还便宜。[④] 市场类咨询机构，如为新建电站提供"购电协议"定价服务的 Wood Mackenzie 估算偏保守，认为虽然东南亚煤电 2020 年的 LCOE 仍然较低，但印度的可再生能源 LCOE 已低于新建煤电，越南、泰国等新建风能、太阳能电站的 LCOE 于 2021 年低于新建煤电站。[⑤]

---

① International Energy Agency and Nuclear Energy Agency (2020).
② International Renewable Energy Agency (2020).
③ 前十大市场：按投融资项目数，菲律宾之后是南非、阿联酋、斯里兰卡、澳大利亚；按装机容量：印度、印度尼西亚、越南、巴基斯坦、南非、孟加拉国、阿联酋、澳大利亚、菲律宾、斯里兰卡。资料来源：世界资源研究所。
④ Carbon Tracker (2020).
⑤ Wood Mackenzie (2020).

上述"一带一路"电力投融资市场 LCOE 的分析是基于 2019 年以前的能源和环保政策，实际上这些国家的相关政策正在发生深刻变化。"一带一路"国家能源、电力规划的调整，保护环境的社会压力已经影响并将进一步推动成本对比的变化，加快可再生能源对化石能源电力的替代。

2.3 "一带一路"国家能源规划及环保政策变化

2020 年，部分由中国企业参与的海外煤电项目被取消或搁置。孟加拉国电力部门在 2020 年 3 月决定取消 Gazaria 燃煤电站项目，该项目在 2016 年被列入中国与孟加拉国的投资和产能合作备忘录，原计划由中国企业融资和建设。[①] 巴基斯坦卡拉奇电力公司在 2020 年 6 月决定放弃卡西姆港 700 兆瓦燃煤电站项目，该项目原计划由中国大唐集团投资，中国机械设备工程股份有限公司共同参与建设。[②] 此外，埃及 Hamrawein 燃煤电站被无限期搁置，该项目原计划由上海电气集团和中国东方电气集团承建，建成后将是非洲最大的燃煤电站。[③] 肯尼亚 Lamu 燃煤电站原计划由中国电力建设集团承建，中国工商银行等提供融资，但据 IEA 消息，工商银行以及此前有意向参与该项目的美国通用电气公司和南非标准银行已决定撤资。[④] IEA 估算，2020 年是煤电新增投

---

① The Financial Express，2020 年 3 月 20 日，https://thefinancialexpress.com.bd/trade/chinese-loans-govt-to-drop-coal-plant-project。

② 参见 http://tribune.com.pk/story/2249796/2-pti-govt-abandons-k-electrics-coal-project；http://news.bjx.com.cn/html/20150917/664527.shtml。

③ Business Day，2020 年 4 月 16 日，https://www.businesslive.co.za/bd/opinion/2020-04-16-fate-of-egypts-coal-fired-project-a-sign-of-greener-times/。

④ IEA Clean Coal Centre，2020 年 11 月 30 日，https://www.iea-coal.org/kenya-coal-dream-up-in-flames-as-last-backer-of-lamu-project-pulls-out/。

资连续减少的第四年，同比减少约 10%。

海外退煤现象的背后是"一带一路"国家能源规划、电力政策的重大变化。此前重点发展煤电的南亚和东南亚国家在 2020—2021 年陆续作出了停止或暂缓煤电项目的决定（见表 2.1）。

表2.1　部分南亚和东南亚国家：限制煤电的决定和政策
（2020—2021年）

国家	时间	内容	形式
巴基斯坦	2020年12月	不再发展新煤电项目	总理公开发言
孟加拉国	2020年6月	取消多座燃煤电厂，重新评估煤电开发方案	能矿部部长公开发言
	2021年2月	未来的国家电力规划将减少煤电	能矿部决定
印度尼西亚	2020年10月	国有企业部建议能源与矿产资源部暂停新建电厂的审批	尚未有政策
越南	2020年9月	建议正在制定的国家能源发展计划不再新建煤电项目	工贸部部长公开发言
	2021年2月	取消多座燃煤电厂的建设计划，严控未来10年的煤电新增装机	国家能源发展计划（征求意见稿）
菲律宾	2020年6月	停止受理新建煤电项目的申请（一些已规划的项目除外）	能源部通知众议院决议
	2021年2月	呼吁地方政府制定淘汰煤炭政策	

资料来源：Global Energy Monitor，各国能源、工贸、电力主管部门网站。

电力投融资东道国民众的压力、环保政策的收紧使煤电项目难以落地，风险大增。煤电项目通常因环境和社会影响，容易引起项目所在国民众和社会组织的抵触，导致项目延期或被取消，对项目业主、融资方和其他项目方造成损失。例如，孟加拉国 Gazaria 和肯尼亚 Lamu 燃煤电站项目被取消的主要原因是无法获得环境和社会许可。前者由于居民抗议导致征地困难，后者由于当地居民和社会团体通过抗议、投诉、法律诉讼等多种途径表达对前期环评的不满，最终导致肯尼亚国家环境法庭在 2019 年叫停了该项目。

国际投融资机构对这些风险的上升很难视而不见。发展中国家环保政策的收紧大大增加了煤电项目落地的难度，如越南 2019 年有约 57% 的煤电项目由于环保、土地和动迁安置、建设方融资能力不足等原因延期。[①] 菲律宾众议院 2020 年的 1137 号决议宣布该国"进入气候和环境紧急状态"；非洲的安哥拉、埃塞俄比亚、塞内加尔已加入"助力淘汰煤电联盟"（Powering Past Coal Alliance，PPCA），承诺不再建设落后燃煤电厂，并按《巴黎协定》目标设定淘汰煤电时间。

2.4　多边发展银行投融资政策的调整

以世界银行为代表，发达国家占主导投票权的多边发展银行已明确停止对煤电项目的融资，有的多边发展银行提高了化石燃料项目的标准甚至完全退出此类项目融资（见表 2.2）。世界银行 2013 年开始退出煤电融资进程，2018 年停止最后一个煤电项目（科索沃 500MW 燃煤电厂）的放款。2020 年 9 月，世界银行集团旗下的国际金融公司（IFC）宣布其股权类投资的"绿色做法"，推动其投资或持股的新兴市场商业银行等投融资机构退出煤炭相关行业。亚洲开发银行从 2013 年起实际已停止对燃煤电站的融资，2020 年发布十年能源规划，明确阐明退出煤电和煤炭热电新增产能融资的政策，确定其他化石燃料项目的筛选标准。欧洲投资

[①]　Market Forces，https://www.marketforces.org.au/stuck-in-the-pipeline-vietnams-coal-projects-stall-while-renewables-surge/.

银行 2013 年停止为燃煤发电项目提供资金，2021 年起更进一步取消对依赖石油、天然气等化石燃料能源项目的支持。欧洲复兴开发银行从 2019 年起不再支持煤炭开采、燃煤电站及燃煤供热项目。

其他多边发展银行也公开表态不再支持煤电项目，尽管其尚未发布相关正式文件。非洲开发银行行长 2019 年 9 月在联合国气候变化谈判上公布了一项计划，不再考虑为非洲新建燃煤发电项目提供资金，转而支持使用可再生能源。亚洲基础设施投资银行 2017 年发布的《能源行业策略：服务亚洲的可持续能源》已有限制煤电融资的条款，只在极少数情况下支持低碳排放的燃煤和燃油电站。亚洲基础设施投资银行行长 2020 年 9 月表示未来不会再为燃煤发电及火电配套项目提供融资。亚洲基础设施投资银行正在更新环境和社会框架，新版的《环境和社会保障政策》将适用于 2021 年 7 月起纳入滚动投融资渠道的所有项目。金砖国家新开发银行在 2018 年 7 月重申优先支持可再生能源发电。即使尚未正式发布专门针对于煤电相关的投融资政策，但截至 2020 年底，金砖国家新开发银行支持的 79 个基础设施项目，无一属于煤炭行业。

表2.2　　　　部分多边发展银行煤电融资政策调整

机构	时间和相关文件	限制煤电融资条款
世界银行集团	2013年7月，《世界银行集团能源行业方向》 2020年9月，《展望未来：国际金融公司对金融机构股权投资的绿色做法》	除特殊情况外，停止向新建燃煤电厂和煤矿开采项目提供融资支持 确保贷款不用于煤炭项目；不再对无淘汰煤炭融资计划的金融机构股权投资；2030年煤炭敞口降至零
亚洲开发银行	2020年8月，《亚洲开发银行能源政策和规划，2009—2019》	退出燃煤电厂和热电厂新增产能融资，对其他化石燃料项目引入健全的筛选标准

续表

机构	时间和相关文件	限制煤电融资条款
欧洲投资银行	2019年7月,《欧洲投资银行能源贷款政策:支持能源转型》	2020年底前取消对依赖化石燃料能源项目的支持,包括基于化石燃料的发电或取暖项目,符合标准的高效率燃气热电联产项目除外
欧洲复兴开发银行	2018年12月,《能源行业战略2019—2023》	不再支持煤炭开采和燃煤发电项目,包括现有电厂升级改造或新电厂建设;不再支持燃煤供热项目,符合特定条件的除外

资料来源:各多边发展银行网站。

2.5 发达国家的海外电力投融资趋势

我国在"一带一路"电力投融资最主要的竞争对手是日本和韩国。本书按"全球能源监测"统计估算,中国、日本、韩国分别占东南亚四国(印度尼西亚、越南、菲律宾、孟加拉国)2015—2020年外来煤电投融资(股权和债权)的30%、31%和7%,新加坡约占3%。[①]日本、韩国的海外电力投融资产业链经营多年,包括政府部门、官方出口信用机构、官方支持的对外投融资机构、大型商业银行、保险公司,以及投资海外煤炭、电力的企业。过去几年,特别是2020年,日本、韩国电力投融资产业链的主要利益相关方开始收紧对海外煤电项目提供支持的规定。

日本政府部门和官方投融资机构已不再为新煤电项目提供融资支持。2020年7月公布的日本政府《基础设施出口战略》明确表明对于未制定脱碳政策国家的新建煤电项目,原则上不再提供

---

① Global Energy Monitor (2020),Table 1 and 2.

官方融资和其他支持。① 这一政策适用于日本海外电力投融资官方资金的三个提供者：日本国际发展署（JICA）、日本国际协力银行（JBIC）、日本出口和投资保险公司（NEXI）。后者属官方出口信用机构，此前日本经产省就认可 OECD 关于限制各国煤电支持、降低煤炭利用率的出口信贷安排。JBIC 实际比政府政策更早采取行动，JBIC 行长 2020 年 4 月已公开表示该银行不再接受燃煤发电项目的贷款申请。

　　日本的商业银行、保险公司、投资集团大多比官方机构更早开始退出煤电投融资相关业务。日本前三大银行——三菱日联银行（MUFG）、三井住友银行（SMBC）和瑞穗银行（Mizuho）均在 2020 年宣布不再为新建煤电项目提供融资，以及削减煤电贷款余额至零的目标。② 日本的保险公司比商业银行更早开始退出海外煤电业务。第一生命保险公司自 2018 年起不再向煤电项目进行投资或提供贷款。最大的人寿保险企业日本生命保险公司也不再对燃煤发电项目进行新的投资和融资。日本前七大商社（贸易公司）中至少有四家已制定海外煤电投资退出计划。从事能源建筑的三菱公司 2018 年开始出售其在澳大利亚的动力煤矿股份，旨在订单枯竭之前缩减电力业务。丸红公司自 2018 年起不再对运营中的动力煤矿进行任何投资。三井物产 2020 年宣布不再对新建动力煤项目投资，并逐步出售持有的海外煤电股权。双日公司正计划减少动力煤相关业务。③2021 年 6 月 13 日，包含日本在内的七国集团宣布在 2021 年底之前，将终止对不减排国际燃煤

---

① 考虑免豁的前提是投融资东道国无法找到确保国内能源稳定除煤炭以外的替代能源，并使用日本的清洁煤炭技术（日本政府，2020）。
② 三菱日联银行、三井住友银行、瑞穗银行网站。
③ 第一生命保险、日本生命保险，以及三菱、丸红、三井，双日公司网站。

发电提供新的政府直接支持。

韩国的两家官方出口信用机构面临国会禁止海外煤电法案的压力，最大的煤电投资商、国有电力公司、电力工程公司都已停止煤电业务或新建燃煤电站投资。韩国进出口银行和韩国出口信用保险公司有限制煤电的政策但豁免较多，因此受国内环保团体的诟病。执政的民主党已四次提出禁煤法案，虽然能否获国会多数通过而最终成为法律还不确定，但这两家机构参与海外煤电项目的空间已极大压缩。三星人寿保险公司与三星火灾和海上保险公司，这两家韩国最大的煤电投资商已于 2020 年 11 月决定不再投资煤电相关的公司债券，不办理燃煤电厂的保险业务。国有韩国电力公司（KEPCO）和三星 C&T 公司于 2020 年 10 月决定不再参与新的海外煤电投资，除了在建的越南和印度尼西亚电厂。在 2021 年 4 月 22 日的领导人气候峰会上，韩国总统文在寅正式宣布韩国将终止对海外建设煤电厂的公共投资支持。[①]

其他发达国家很少投资海外煤电，减排的努力主要在淘汰国内煤电（见表 2.3）。新加坡是个例外，但三家主要银行（星展银行、华侨银行、大华银行）已于 2019 年宣布停止新煤电投融资，在建的越南和印度尼西亚项目除外。英国和加拿大 2017 年发起的"助力淘汰煤电联盟"（PPCA）已有 36 个国家加入，包括若干发展中国家。PPCA 成员国承诺根据《巴黎协定》目标设定淘汰煤电的时间，大洋洲、美洲、非洲的一些国家承诺不再新建落后（没有碳捕集和碳贮存装置）的燃煤电厂。

---

① 刘爽、王烨和王衍（2021）。

表2.3　PPCA与已公布淘汰煤电计划的国家（截至2021年3月）

地区	国家（淘汰煤电年份）
欧洲	**已停用煤电：** 比利时、奥地利、瑞典、瑞士、卢森堡、爱沙尼亚、冰岛、拉脱维亚、立陶宛、阿尔巴尼亚、塞浦路斯、马耳他 **淘汰煤电计划：** 葡萄牙（2021年），法国（2022年），英国（2024年），匈牙利（2025年），意大利（2025年），爱尔兰（2025年），希腊（2028年），芬兰（2029年），荷兰（2029年），丹麦（2030年），斯洛伐克（2030年），德国（2035—2038年）
亚洲	**淘汰煤电计划：** 以色列（2025年） 新加坡星展银行、华侨银行、大华银行2019年停止新煤电融资
美洲	**淘汰煤电计划：** 加拿大（2030年），哥斯达黎加（2030年），智利（2040年） 墨西哥、萨尔瓦多、秘鲁、乌拉圭加入PPCA，承诺不再建设落后（没有碳捕集和碳贮藏装置）燃煤电站并设定淘汰煤电时间
大洋洲	**淘汰煤电计划：** 新西兰（2030年） 斐济、马绍尔群岛、纽埃岛、图瓦卢和瓦努阿图加入PPCA，承诺与墨西哥等相同
非洲	安哥拉、埃塞俄比亚、塞内加尔加入PPCA，承诺与墨西哥等相同

资料来源："助力淘汰煤电联盟"网站，"欧洲超越煤碳"Europe Beyond Coal网站。

2.6　迅速上升的海外风险

综合来看，我国在海外尤其是"一带一路"国家和地区对燃煤等化石能源电力的投融资的风险已明显上升。

"一带一路"国家煤电行业近期累积的市场风险在疫情冲击下更加明显。 新冠肺炎疫情前的 2019—2020 财年巴基斯坦就已经出现电力装机冗余。孟加拉国的发电设备总体利用率已连续数年下降，2019—2020 财年燃煤电厂利用率仅为 30%。[1] 印度尼西亚此前规划了过量的煤电项目，疫情冲击下国家电力公司财务恶

---

[1]　Institute for Energy Economics and Financial Analysis (2021).

化，令煤炭大国印度尼西亚不得不考虑暂缓新建项目审批来缓解该公司的运营压力。对于依赖煤炭进口的国家，煤炭市场的波动、对贸易平衡的影响都增加了风险。这些及其他因素促使菲律宾在 2020 年作出了加快向可再生能源转型的决策。

市场的变化加剧电力投融资企业的财务风险。一些国家前期为吸引私人和外国投资而设立的煤电项目付费机制，如印度尼西亚、巴基斯坦、孟加拉国和菲律宾都曾用的容量电价机制和"照付不议"机制已对电力投融资企业构成财务风险。在需求不稳、产能过剩情况下这些付费机制很难持续，部分国家拖欠发电商电费已成"老大难"问题。部分企业反映，2020 年由于新冠肺炎疫情加剧了东道国政府部门及商业主体的违约概率，其中对签署"照付不议"条款的电站项目冲击更大。[①]

气候相关风险已影响新建煤电项目的中长期可行性。日本保险公司和长期投资海外电力资产的企业 2018 年就开始退出煤电投融资，并不是因为国内的法律规定或政府政策，而是对气候相关转型风险的认知，即各国环保政策（如限制碳排放、征收碳税、水资源限制、土地使用限制或激励措施）收紧给煤电资产带来的高风险。"一带一路"国家民众和社会的反对已带来近期新煤电项目的延期和落地困难，转型风险与化石能源和以光伏、风电为代表的新能源电力全生命周期成本的相对变化将降低传统技术煤电的中长期可行性，使新建项目越来越难。

海外煤电的股权债权有可能成为未来的搁浅资产。技术进步和环保成本的增加（碳交易、水资源稀缺等）将使新建新能源电

---

① 赵众卜、尹海钊、伍厚锞 (2020)。

站比运营已建煤电还便宜。Carbon Tracker 认为，目前全球约一半的燃煤电站运营成本已经超过新建新能源电站，到 2030 年全球所有燃煤电站将达到这一状态。^① 尽管这一前景还有很大不确定性，新建煤电的设计寿命肯定远长于我国海外煤电投融资主要东道国到达这一拐点的时间。新建煤电项目很可能成为搁浅资产，即因非技术原因而不能运营，无法产生收益的资产。

不适时调整海外电力投融资政策带来声誉风险。新能源电力相对于石化能源电力全生命周期成本的变化，发展中国家能源规划及环保政策、多边发展银行和发达国家电力投融资政策的调整，以及全球应对气候变化从共识到行动的落实，已使国际电力投融资市场发生了质的变化。虽然海外市场仍有新建煤电需求，如部分中东地区国家为减少对邻国油气资源依赖而实施电力能源多样化产生的需求，但从全局、长期来看，煤电大国（包括新兴市场国家）继续原有海外煤电投融资政策的空间已经很小，且声誉风险大增。这也是本课题组在 2021 年 4 月初（4 月 22 日领导人气候峰会前）建议有关部门"审时度势，权衡利弊，在适当时机宣布停止海外新建煤电投融资的政策"的原因。

---

① Carbon Tracker（2020）.

第三章
海外电力投融资的发展与现状

在过去的十多年中，中国在全球电力建设中扮演了越来越重要的角色。很多研究机构对中国海外的电力投融资进行过深入的分析，其中比较有代表性的是普林斯顿大学和波士顿大学团队。例如 Chen，X. et al. (2020) 对中国主要银行海外电力中长期信贷的数据进行了收集和比较分析。该研究通过分析国家开发银行和中国进出口银行 2006—2016 年支持海外电力项目的数据，并把这两家银行在此期间对各类电力项目占该机构同期全部电力资金支持的比重和发达国家主导的多边发展银行支持电力项目的相应比重进行比较，发现我国主要发展银行（国家开发银行和中国进出口银行）的资金投入在此期间大幅偏重煤电项目（64%），远高于多边发展银行的平均占比（15%）。Li，Z. et al. (2020) 则专门研究了中国对海外发电行业的直接投资。这些及其他研究从国有银行信贷和直接投资的角度描述了近年来中国在海外（包括"一带一路"国家）电力市场的影响和作用。

中国海外电力投融资的主要市场在"一带一路"沿线。为了更全面、更准确地分析我国金融机构和企业在"一带一路"国家和地区电力投融资的发展和现状，本章将根据基于国内信息的海外电力立项和海外智库收集的投融资两个方面的数据，进行尽量客观深入的分析。本章第一节介绍数据的来源、范围，指出在目前国内企业信息披露情况下这一领域量化研究的困难和数据的局限性，并从立项数据分析我国企业参与海外电力建设的类型和方式。第二节是本章的重点，根据数据描述我国企业在"一带一路"国家投融资的时间序列、地区分布、电力种类，分析煤电和新能源电力近年的发展特点和趋势。第三节概览我国企业参与海外电力投融资的模式及其变化。

3.1　数据来源、特点及局限性

本章所讨论的"一带一路"国家包括 2013 年中国发起"一带一路"倡议以来同中国签订"一带一路"合作协议或谅解备忘录的 140 多个国家，不包括没有签署合作协议的国家（如印度）。[①]本书涉及两个数据库，一是课题组数据团队收集整理的 2016—2020 年"一带一路"国家电力建设项目立项数据库（海外电力项目数据库），二是根据世界资源研究所（WRI）提供的中国海外电力投融资数据整理的海外（"一带一路"国家）电力投融资数据库。[②]

3.1.1　海外电力项目数据库

该数据库涵盖 2016—2020 年中国企业参与海外市场（包括92 个"一带一路"合作协议签约国家）、国内有关部门立项的1265 个电力项目。

数据整理流程如图 3.1 所示。

---

　① 如第二章指出，印度是我国海外煤电的主要市场。我国企业在该市场的投融资与其他主要市场类似，本章数据不包括印度对分析海外电力投融资特点和趋势影响不大。

　② 课题组的数据工作由珠海得分金融科技公司团队负责。

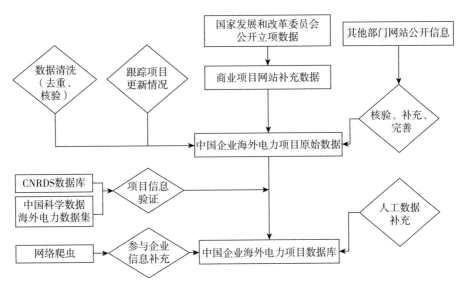

图3.1 中国企业海外电力项目数据库数据采集整理流程

数据库中立项项目来源于国家发展和改革委员会网站的公开信息。通过购买商业项目网站会员资格对项目详细信息进行补充，并对项目状况进行更新，剔除重复项目，核验有效项目，同时通过其他部门（如商务部等）网站公开信息对数据进行核验、补充、完善，形成中国企业海外电力项目原始数据集。

在原始数据集的基础上，参照两个外部数据源——中国科学院《2000—2019 年中国海外电力项目信息数据集》[①] 和中国研究数据服务平台（CNRDS）网站对部分数据进行了交叉验证。同时，项目组采用网络爬虫技术收集了项目参与企业的具体信息，作为对原始数据集的扩充和完善。

最后，项目组采用手工方法对企业的关键信息，如企业所有

---

① 蒋瑜、邬明权等（2019），"2000—2019 年中国海外电力项目信息数据集"，中国科学数据，ISSN 2096-2223。

制等进行了补充和校验，同时补充了大约 40% 的企业参与模式信息。

立项数据库的特点。该数据库和该领域研究的其他数据库最主要的区别有以下几个方面。第一，数据库以主项目为基本单位，而不是以电厂为基本单位。第二，数据库以立项日期为基准时间，而不是以意向签署或电厂建成为基准时间，因此所含数据比意向签署更接近项目落地，比电厂建成对政策和环境变化更为敏感。第三，数据库包括除电厂建设之外的电力配套项目，覆盖面积相对较广。第四，数据库包含了中国公司参与的"一带一路"电力建设全部项目，其中有相当一部分是海外资金支持、中国企业作为工程承建方的项目。第五，数据库包含了项目的合同类型，可用于研究中国企业参与"一带一路"电力建设的不同方式。

立项数据库的优缺点（局限性）。由于该数据库的主要来源是官方机构及相关企业，立项资料可提供比投融资数据更广的视角，即包括中国企业海外电站及非电站电力工程的参与。此外，立项包括合同类型，可用于分析中资参与程度和演变（见 3.1.3 小节）。项目数据库的局限性是立了的项目有可能因各种原因没有完成，也不包括我国金融机构、电力企业对海外电力项目的直接投资和中长期信贷数据。这个数据库因此与另一个数据库互补。

3.1.2　海外电力投融资数据库

数据库涵盖 2019—2020 年中国企业在"一带一路"国家和地区参与股权、债权资金投入的 307 个各类电站项目。

数据的主要来源。该数据库在世界资源研究所（WRI）收集的中国海外电力投资综合性数据库基础上，由本课题组数据团队补充整理形成。WRI 的数据综合了海外多个相关学术数据库和商业数据库（BU、SAIS、IAD、Refinitiv、fDi Markets、Platts），是目前国际学术研究界关于中国电力投融资比较全面的数据库。

投融资数据库的特点。包括中国金融机构（政策性银行、主要商业银行、股权投资基金）和中国企业的海外电站股权（绿地、并购投资）及债权（主要是中长期信贷），不仅有各类不同电站类型，而且有较长的时间跨度和国家、地区分布。该数据库提供的信息与国内官方机构的立项数据可互相印证，但不重叠。

投融资数据库的局限性。第一，数据主要由境外机构从公开渠道获得，受境内机构信息披露程度的制约。第二，股权投资的数据有较大的估算成分，相当部分绿地投资金额是根据电站装机容量估算，并非电站股东的实际到位资本金。并购（M&A）投资的数据缺失较多，目前"一带一路"国家并购投资额估算面临的困难较多。第三，债权金额是银行承诺贷款，而非实际放款或期末贷款余额。在一般情况下，银行按工程进度分阶段、有条件地发放中长期贷款，因此项目实施期间累计放款或贷款余额通常小于贷款合同的承诺额。债权金额在项目多次融资、贷款置换情况下也有可能出现重复计算或遗漏。从数据解析的角度来说，这是最明显的局限性，特别是在电站建设东道国项目落实或主权担保出现问题后。此外，部分债权底层数据只有总额，债权银行的信息缺失。

3.1.3　项目、合同种类及资金来源

项目种类分析。根据本课题组的海外电力项目数据库（见 3.1.1 节），2016—2020 年中国企业在"一带一路"国家和地区共有电力类立项 1160 个，总装机容量达到 263 吉瓦（GW）。立项

的类型分布见图3.2。

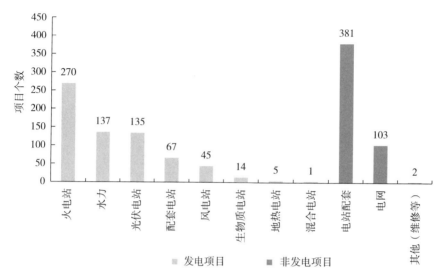

图3.2 中国企业在"一带一路"国家电力项目类型分布，2016—2020年
（资料来源：海外电力项目数据库）

从图 3.2 可看出，除电站外，中国企业提供与发电配套的输变电、电网或者烟气净化、水处理、燃料脱硫脱硝、除尘等电站相关设备、技术或承包此类工程。把数据库中的项目类型归纳为发电类和非发电类，2016—2020 年立项的"一带一路"电力相关项目中，约 58% 的项目涉及发电厂建设或者续建，其余近 42% 都是和电站相关的配套输变电或者其他配套项目。

从图 3.2 中还可以看出，中国参与的发电项目中占比最大的是化石能源电力项目，其中数目最多的是煤电，占 68%，天然气、石油发电项目分别占 15% 和 5%，垃圾发电占 12%。非发电项目中，电站配套建设项目达 381 个，是所有项目中个数最多的一类。

项目资金来源。数据库根据项目资金支配及支付的便利程度分为三类：外资、非政府投资和政府投资。其中，外资指项目出资方是非中国境内注册的公司，非政府投资指出资方为中国企业或者中国金融机构，政府性投资指项目所在地（东道国）政府出资。东道国政府直接出资建设的项目非常少，数据验证的结果表明项目的真正出资方也并不完全是当地政府，因此项目资金实际分类为中资和外资两类。

从数据库境内和境外资金来源来看，在 1160 个项目中，中国企业境外资金支持的项目多达 886 个，而境内资金项目仅 274 个。在中国企业参与的所有项目中，境外资金占比高达 89%。由于数据的局限性，无法确定"境外"资金是否包括中国经济实体海外账户（如前期投资收益再投资）或中资海外注册企业的资金。但可以肯定的是，中国企业对"一带一路"国家电力建设的参与程度要远大于对这些国家年度国际收支统计意义上的直接投资和中长期信贷。

合同种类分析。无论是境外还是境内资金主导的项目，工程承包（EPC）是占比最大的合同类型。项目数据库的信息表明，2016—2020 年在境外资金主导、中国企业参与的电力建设项目中，中国企业以项目总承包商（EPC）参与的比例高达 92.1%。表 3.1是 2016—2020 年中国境内资金主导项目的合同类型分布。从表 3.1可以看出，境内资金主导的 221 个可以找到合同类型的项目中，单纯的 EPC 项目的占比超过 70%，近 30% 是其他类型的合同。

境内资金主导的其他类型合同包括"工程承包＋运营"（EPC+O），"工程承包＋运营维护"（EPC+O&M），以及中国企业担任项目管理承包商 PMC（Project Management Contracting），相当数量的项目合同采用了公共部门与私营部门合作或政府和社会资本合作（PPP）、建设—经营—转让（BOT）、建设—拥有—经营（BOO）模式（国际电力投融资常见模式见专栏 3.1）。

表3.1 中国境内资金主导的"一带一路"项目合同分类，2016—2020年

参与模式	项目个数	占比（%）
EPC	159	71.9
EPC+O&M	13	5.9
EPC+O	11	5.0
PMC	1	0.5
海外小额投资+EPC	1	0.5
PPP	17	7.7
BOT	15	6.8
BOO	4	1.8

资料来源：海外电力项目数据库。

从发展历程来看，我国企业"走出去"大多从工程承包开始。20世纪90年代初成立政策性金融机构的目的之一就是支持我国机电设备出口和对外工程承包。"一带一路"倡议的提出和落实进一步促进了我国企业的国际化发展，出现了一批在工程项目承包领域全球领先的企业。在2020年度美国《工程新闻纪录（ENR）》"全球最大250家国际承包商"榜单中，中国共有74家企业入围，再次蝉联各国榜首。[①]与此同时，"以投带建"（F+EPC）、"以建带融"（EPC+F），以及投资—建设—经营（投＋建＋营）等模式扩大了我国在海外尤其是"一带一路"国家和地区电力发展的市场，更多地促进东道国经济的发展，提升了我国企业的附加值，推动了我国企业全产业链发展，当然也带来了新的风险。[②]

随着低收入国家债务负担的加重，如何控制中国金融机构的

[①] ENR，2020，"ENR's 2020 Top 250 International Contractors"，https://www.enr.com/toplists/2020-Top-250-International-Contractors-Preview.

[②] 各类模式的风险和附加值见专栏3.1。

海外风险，同时降低东道国主权外债风险，又支持中国企业扩大海外市场，延长利润链，保证"一带一路"国家电力建设可持续发展，是一个需要谨慎解决的问题。传统的 EPC 或 F+EPC 模式必须与时俱进更具优势、更国际化、更市场化的参与模式转变。

我国企业参与海外电力建设模式的转型，对东道国、资本输出国和企业既有压力也都有好处。对中低收入国家，PPP/BOT 模式在吸引社会资本、减少外债、增加本国政府和政府担保债务的可持续性方面有吸引力。由于东道国政府在项目建造阶段不提供资助，成本超支、延误等风险均由社会资本承担，有助于东道国政府控制基础设施建设的财政成本，降低相关风险，但也对东道国政府公共资源的管理和治理提出了更高要求。对资本输出国，降低对外贷款风险，增加投融资渠道的多样性，有助于提高国际经济活动的安全，也有助于项目的本地化，扩大在东道国的支持。对于参与企业而言，以项目运营的盈利偿还债务并获得投资回报，以项目本身的资产作担保抵押，不需要第三方担保增信，可以缓解目前"一带一路"国家主权担保资源受限的问题，但也要求相关企业加强公司治理，提高核心竞争力，大幅提高国际化、市场化水平。

3.2 "一带一路"电力投融资的发展与现状

如 3.1 节强调，海外电力投融资数据库中的债权（信贷）数据一般指项目信贷承诺额，不是累计实际放款或期末贷款余额。同样地，股权投资金额指项目建设总体所需资本金，而非股东实际注资。从公开渠道收集的数据有可能统计口径不一致，多次融资的报道有可能忽略再融资，造成重复计算或遗漏，因此对这些数据金额的解析需小心，各类电力的装机容量、投融资相对规模、股—债比率，以及其他比率或相对份额则有更高的参考价值。

3.2.1 概述：发展、分布与电力类别

本书根据课题组的海外电力投融资数据库整理了中国在"一带一路"签约国家2013—2020年的债权（主要是中长期信贷）和股权（主要是直接投资）数据。自"一带一路"倡议提出以来，中国在签约国家电力总体"资金投入"（股权＋债权）接近1000亿美元，其中约73%为债权，27%为股权（不包括并购投资）。各类电力的单个电厂规模（装机容量与投融资额），以及股—债比都很不一样。

从发电能源分类来看，煤电投融资金额占比最大，接近42%，化石能源（燃煤、天然气、石油）电力占比接近一半。水力发电（主要是大型水电站）占比33%；核电（英国欣克利角C）项目规模庞大，资金密集，中方（中国广东核电集团）已于2021年初宣布撤资退出。光伏和风电加起来共占11%左右（不包括风电并购投资）。其他的发电类型（如地热、生物发电）占比较低。

表3.2　中国"一带一路"电力投融资状况，2013—2020年

燃料类型	电厂个数	总装机（兆瓦）	债权融资（亿美元）	股权投资（亿美元）	债权+股权（亿美元）	投融资金额占比（%）	装机容量占比（%）
燃煤	54	55934	288	125	414	41.5	48.5
天然气	36	25487	25	47	72	7.2	22.1
石油	7	2783	0	0	0	0.0	2.4
小计	97	84204	313	172	486	48.7	73.0
水力	79	19510	312	17	329	33.0	16.9
核电	1	2200	65	0	65	6.5	1.9
小计	80	21710	377	17	394	39.5	18.8

续表

燃料类型	电厂个数	总装机（兆瓦）	债权融资（亿美元）	股权投资（亿美元）	债权+股权（亿美元）	投融资金额占比（%）	装机容量占比（%）
光伏	73	6396	24	61	85	8.5	5.5
风电	46	2447	11	10	21	2.1	2.1
地热	8	535	2	7	9	0.9	0.5
生物发电	3	60	1	2	2	0.2	0.1
小计	130	9438	38	79	117	11.8	8.2
总计	307	115352	729	268	997	100	100.0

资料来源：海外电力投融资数据库。

　　数据的时间序列表明，"一带一路"倡议的发起推动了我国企业的海外投融资（信贷＋股权），但自2013年以来，海外电力投融资也经历了较大波动。中国企业在"一带一路"国家电力投融资的规模从2013年起逐年增长，2017年出现大幅增长后又较快回落。必须指出的是，投资估算和信贷承诺数据的缺陷放大了年度实际投融资流量的波动，但2017年前后的趋势变化应该反映了实际情况。

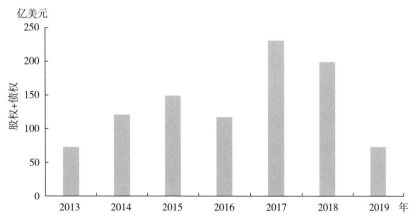

图3.3　中国企业对"一带一路"国家电力股权债权总额，2013—2019年

（资料来源：海外电力投融资数据库）

从年度电力投融资的能源类型变化来看，"一带一路"倡议早期（2013 年）我国企业的电力投融资集中在煤电、水电等规模较大的"传统"电力项目上。2017—2018 年煤电和水电投融资（相当程度是从新闻等公开渠道收集的融资承诺额）大幅增长，2019年煤电投融资金额和比重均下降。同期新能源（主要是光伏发电，也包括风力发电）海外投融资呈现明显的周期波动，从 2014年开始增大，2015 年和 2018 年出现两个波峰，似乎与我国相关产业（尤其是中国现在占有产能、技术、人才优势的光伏产业）国内的发展波动有关（见图 3.4）。

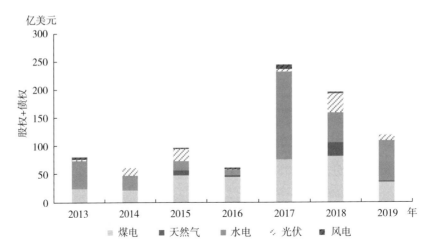

图3.4　中国对"一带一路"国家电力投融资的构成及变化，2013—2019年

（资料来源：海外电力投融资数据库）

从地域分布来看，我国海外电力建设项目和投融资高度集中在东南亚和南亚国家。图 3.5 是 2013 年"一带一路"倡议之后中国电力建设装机容量排名前 20 位的签约国家。从图中可以看出，我国资金支持和承建电力项目及装机容量东道国高度集中在东南亚和南亚（占 68%），若加上没有签署"一带一路"合作协议的

印度，这一比重将进一步上升。除了亚洲地区，非洲也是我国企业电力投融资装机容量较多的地区（占27%）。

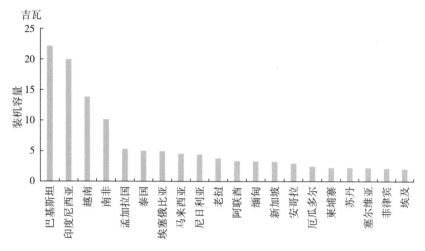

图3.5　中国资金支持电力项目装机容量主要地区分布，2000—2019年

（资料来源：海外电力投融资数据库）

3.2.2　化石能源发电投融资状况

2008年国际金融危机后，中国迅速成为国际电力投融资大国，也是煤电投融资大国。中国企业对"一带一路"国家煤电建设的资金支持持续增长，特别是2017—2018年，煤电股权投资和信贷承诺估算值比2013—2016年的总和还高，2018年相当于2013年的近3.5倍。这个趋势在2019年出现逆转。《巴黎协定》签署后，东道国债务负担加重，投资方风险增大，以及其他环境可持续性问题对中国煤电海外投融资的压力日渐明显（见图3.6）。

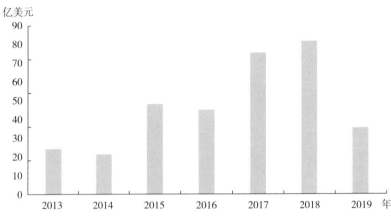

图3.6 中国对"一带一路"国家煤电投融资，2013—2019年

（资料来源：海外电力投融资数据库）

中国的煤电的投融资和承建装机容量地区集中度也较高。图3.7是中国煤电投融资金额和装机容量在"一带一路"签约国家（不包括印度）的分布。从图3.7中可以看出，煤电投融资和装机容量有很高的相关度，高度集中在东南亚和南亚地区。从装机容量看，仅印度尼西亚、越南、巴基斯坦三个国家的装机容量就占了中国在"一带一路"国家煤电建设总装机容量的59%。若加上印度，东南亚和南亚地区的占比将更高。

中国资金在"一带一路"国家和地区支持建设了72.1吉瓦（GW）煤电装机容量。2013—2019年装机容量—建设资金结构如图3.8所示，债权（主要是信贷）支持了近75%装机容量建设，其中仅信贷占59%，信贷和绿地股权投资占16%。单纯绿地股权投资则占总装机容量建设的23%左右。

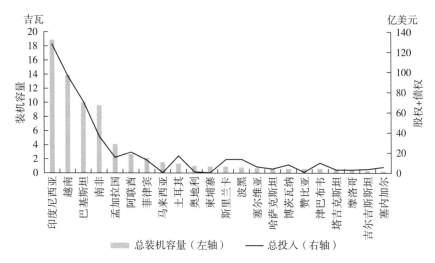

图3.7　中国对"一带一路"国家煤电投融资及装机容量分布，2000—2019年

（资料来源：海外电力投融资数据库）

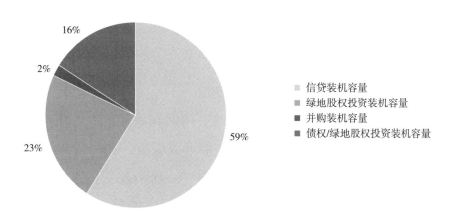

图3.8　中国在"一带一路"国家煤电投融资结构，2013—2019年

（资料来源：海外电力投融资数据库）

中国企业在"一带一路"国家共通过资金参与和工程承包建设天然气发电装机 25.2 吉瓦（GW）。如图 3.9 所示，按 2013—2019 年装机容量算，中资支持的燃气电站最普遍的资金投入模式是并购，占总装机容量的44%，绿地股权投资占14%，债权(信贷)

支持占42%。在"一带一路"倡议发起前，我国企业对石油发电有少量的信贷（债权）支持，以及绿地股权投资、并购交易，但近年来油电项目很少，本书不进一步详述。

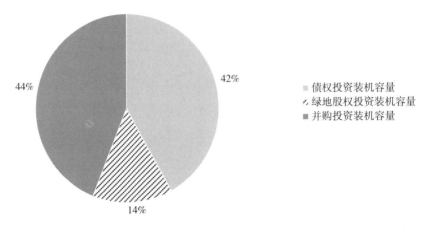

44%　42%　14%

■ 债权投资装机容量
▨ 绿地股权投资装机容量
■ 并购投资装机容量

图3.9　中国在"一带一路"国家天然气发电投融资结构，2013—2019年
（资料来源：海外电力投融资数据库）

3.2.3　新能源发电投融资状况

新能源在中国对"一带一路"国家和地区的发电市场投融资总额中的占比并不高。从表3.2中可以看出，2013年以来光伏和风电的股权和债权投融资占中国在"一带一路"国家不同类型能源电力投融资总额的11%左右。值得指出的是，从图3.4中可观察到，在煤电投融资近年来下降的同时，中国在"一带一路"国家新能源电力市场的拓展却没有出现大幅增长。这一现象引起国际上一些研究机构的注意，例如，Kong，B. et al.（2021）认为新能源电力产能（供给）和需求在过去一段时间内相对放缓。供给方即国内的相关设备制造业，在经历了一个爆发式增长或"抢装潮"的拉动之后进入调整期，而中低收入国家市场电力需求则由

于新冠肺炎疫情、地缘政治、主权债务等原因有所减弱。

新能源在中国海外电力投融资占比相对较低还有结构性的原因。东道国的资源禀赋、经济发展、电力市场状况及新能源电力所需的电网调峰能力等都是影响因素。供给侧的因素包括中国原有传统电力项目投融资模式和参与海外新能源电力建设相关企业的实际需求不匹配，不利于中国新能源企业（主要是民营企业）海外市场的拓展（详见第七章）。

中国企业在"一带一路"国家光伏发电、风电建设项目的股权—债权投融资结构表明，新能源项目的主要的资金来源是股权投资，中长期信贷在总资金投入中的占比远小于煤电、燃气电站等传统电力项目。国内主要银行对新能源电力项目的信贷额较小，2013—2019 年年平均信贷额仅占同期对化石能源电力项目年平均信贷的 10%。

新能源中的光伏发电和风电项目的股权—债权投融资结构也明显不同，光伏发电以绿地股权投资（新建电站）为主，风电以并购（现有发电资产）为主。从图 3.10 可以看出，2013—2019 年，中国在"一带一路"国家光伏发电的绿地股权投资占全部光伏装机容量的 61%，其他投资（包括并购）占 7% 左右，债权融资占32%。而风电的投资结构和光伏有很大的区别。由 2013—2019 年的数据来看，在风力发电总装机容量 2447 兆瓦中，48% 是并购投资，31% 是绿地投资，债权融资占投融资总额的 21%。

从对海外新能源电力信贷资金承诺的变化来看，图 3.11 表明国内金融机构及企业在"一带一路"国家风电和光伏发电的债权在 2017—2018 年呈现明显的上升，资金主要集中在光伏发电行业，2019 年有所回落。这种变化与同期新能源设备制造业和对海外市场的拓展和以此为目的的股权投资尤其是绿地股权投资有关，也很可能与数据的缺失有关，尤其是 2014 年和 2016 年债权数据。

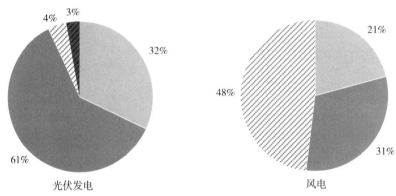

债权投资装机容量 ■ 绿地股权投资装机容量 ▨ 并购投资装机容量 ■ 其他

**图3.10　中国在"一带一路"国家的光伏发电、
风能发电投融资结构，2013—2019年**
（资料来源：海外电力投融资数据库）

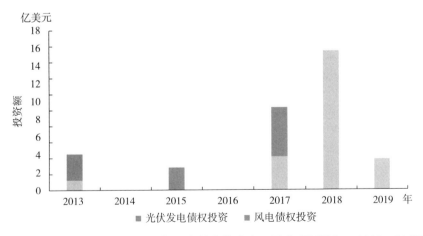

■ 光伏发电债权投资　■ 风电债权投资

图3.11　中国企业在"一带一路"国家的光伏发电、风电项目债权，2013—2019年
（资料来源：海外电力投融资数据库）

在海外新建电站投资比重较大的光伏行业，绿地投资经历了2014年、2015年大幅增长以及2016年、2017年的大幅回调之后，2018年出现较大增长，但2019年再次出现回落（见图3.12）。光伏发电海外绿地投资的起伏反映了同期国内光伏设备制造业在2008年国际金融危机后产能扩张、洗牌、再发展的格局。结合图3.11观察，光伏发电行业的海外投资在2017—2019年得到远比2014—2015年更多的国内银行信贷支持，当然也可能与2014—2016年相关数据缺失有关。

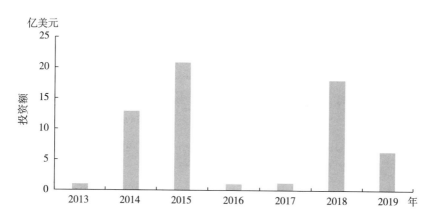

图3.12　中国企业在"一带一路"国家光伏发电绿地投资，2013—2019年
（资料来源：海外电力投融资数据库）

3.3　海外电力投融资模式的变化

3.3.1　能源类型与参与企业

本章第二节已介绍我国企业在海外以化石能源为代表的传统电力和以太阳能、风能为代表的新能源电力项目股权和债权融资

方面的差别，这种差别与这两类电力设备制造、海外投资、工程承包企业的所有制属性高度相关。中国"一带一路"电力建设在很长一段时间内基本以大型煤电、水电为主。这些设备的国内制造商、海外投资和工程承包商主要是中央企业或大型地方国有企业。而在新能源电力尤其是光伏发电设备制造、海外投资和工程承包领域，民营企业参与较多。根据课题组的海外电力项目立项数据，比较国有企业和民营企业参与中国资金支持的"一带一路"电力建设项目的占比情况（见图3.13）。其中有几类项目（如风力发电）中民营企业占比为零，所反映的很可能是这方面数据的缺失，而不是民营企业没有参与。尽管数据有缺陷，图3.13仍可反映民营企业在海外光伏发电项目立项方面的活跃程度。

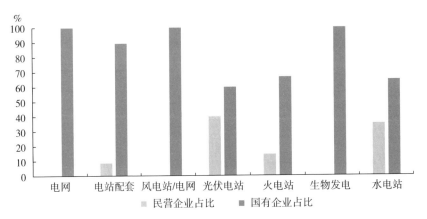

图3.13　"一带一路"电力建设不同所有制企业立项数量占比，2016—2020年

（资料来源：海外电力项目数据库）

国有企业更多集中在传统能源电力项目，民营企业更多集中在新能源发电领域的情况有若干原因。第一，项目规模或投融资额，传统化石能源电厂以及大型水电站往往规模较大，需要大量资金，国有企业在融资方面有优势。第二，项目建设周

期，大型煤电、水电等项目需要至少一年的建设时间，而光伏电站等的建设周期就较短。第三，相关产业链的上游（设备制造业）的企业也有重要影响，国有企业主导传统电力设备制造，新能源电力设备制造行业中龙头民营企业居多。对于民营企业来说，规模大意味着资金投入大，建设周期长意味着成本回收慢，融资的难度、成本、风险也更高。因此在新能源领域，民营企业更加活跃。

3.3.2　参与企业与融资模式

到海外立项、承建大型煤电、水电，乃至核电的主要是中央企业或大型地方国有企业，采用的融资模式多为国内大型国有银行或商业银行有追索贷款加中国出口信用保险公司（以下简称中信保）承保的"公司融资"模式。这种模式由借贷方的股东或者第三方提供担保和资产抵押，金融机构根据资金借入方或者担保方的信用审核、发放贷款。在这类贷款中，资金提供方（银行）通常不考虑项目本身的收益和资产，当出现违约时，金融机构对项目发起人（机构）有追索权。由于公司融资模式对项目发起方的企业信用要求非常高，很少有民营企业能通过这种渠道获得信贷资金，中信保等国有保险机构也很难为在海外拓展规模较小、风险较高新能源电力项目的民营企业提供担保。

国际市场比较常见的融资模式是项目融资及混合融资。项目融资主要以为经营项目而成立专门公司的名义借款，以项目公司的资产作为还款担保，用项目运营产生的现金流作为还款来源并运用各种协议把不同节点的风险在业主、承包商、运营维护商等相关方之间进行分担。电力项目融资采用动产（电厂运营收益）或不动产（电站资产）抵押的方式缓释偿付风险，因此大幅降低了偿付风险和项目发起人本身的主体信用之间的关联度，对项目发起企业的信用要求相对较低。

混合式融资一方面指资金来源的混合机制，即国际上通用的"混合式融资"（Blended Financing）。这种混合通常表现为"开发性金融"和"商业性金融"的结合，如项目的贷款既包括多边机构提供的低息优惠贷款，又包括商业银行提供的公司或项目融资，也可能包括一定的赠款。另一种意义上的混合式融资指不同阶段下公司融资和项目融资模式的混合和转换。例如，很多"一带一路"项目采用的是在建设期由工程承包商融资，到建成运营期转换为项目融资或公司融资的模式。[①]

项目融资和混合融资模式降低了对项目企业信用的依赖，为我国新能源民营企业参与"一带一路"电力建设拓宽了资金渠道。根据课题组的海外电力项目数据，比较我国民营企业"一带一路"项目中的境外资金和境内资金项目数量（见图3.14），表明境外资金支持的民营企业项目要远多于境内资金支持项目。这从一个侧面反映出我国企业海外新能源电力项目的投融资更市场化、国际化，也在一定程度上反映了我国民营企业国内债务融资的困难。

---

① 清华大学绿色金融发展研究中心与创绿研究院团队对中国"一带一路"国家能源项目的三种主要融资模式进行了较深入的调查研究，见清华大学绿色金融发展研究中心与创绿研究院（2020）。

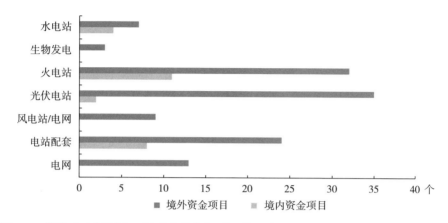

图3.14　按资金来源划分，民营企业参与"一带一路"电力项目数，2016—2020年
（资料来源：海外电力项目数据库）

根据参与调研的企业反映，民营企业在国内的融资渠道比较有限，融资成本也较高。国内中央企业、大型地方国有企业容易得到集团及国有保险公司对海外项目的信用担保和保险，从而得到大型国有银行、商业银行的资金支持。从资金成本来看，民营企业融资成本和国有企业融资成本存在1%~1.5%的利差。国内银行很少用项目融资的方式为民营企业提供资金。相反，对于一些在海外有较高市场地位的民营企业，其可通过海外渠道获得低成本的无追索项目融资，因此民营企业在"一带一路"电力建设的参与中，获得境外资金支持的项目数量要远远高于获得境内资金支持的项目数量。

> **✔ 专栏3.1　国际电力建设项目的运作和投融资模式**
>
> 　我国企业海外电力建设项目涉及的运作和投融资模式较多，从不提供资金支持、只做工程承包、风险最小的 EPC 模

式，到风险越来越大、越来越复杂，但市场更大、价值链更高端的其他模式。模式的变化反映了国际市场的变化和我国企业的成长。

EPC (Engineering Procurement Construction) 模式：即设计—采购—施工总承包模式，指公司受业主委托，按照合同约定对工程建设项目的设计、采购、施工、试运行等实行全过程或若干阶段的承包。通常公司在总价合同条件下，对其所承包工程的质量、安全、费用和进度进行负责。

F+EPC（Finance +EPC）模式：融资 +EPC 模式，是对 EPC 模式的一种拓展，在国际工程承包中用得比较多。融资（F）在前，EPC 建造施工在后。工程承包企业利用自身资源，帮助业主获得满足业主或项目要求的融资，并以此为条件成为项目的建设总承包商，也可带动设备供应商的出口。

EPC+F（EPC+ Finance）模式：EPC+ 融资模式，建设工程总承包商获得 EPC 项目并帮业主解决相关资金问题。

EPC+O（Operation）/O&M (Operation and Maintenance) 模式：EPC 的延伸模式。即在设计、采购、施工、试运行的基础上加上运营，或者运营和维护。要求承包企业有设计—采购—施工的能力，还要有在东道国经营、维护电站并承担相关风险的能力。对承包商来说，这种模式比纯 EPC 或 F+EPC 风险高，但盈利空间更大。

PPP（Public-Private Partnership）模式：一种公共部门和私营企业合作的模式。一般指政府与私有企业之间为了建设基础设施，或为了提供某种公共产品或服务，以特许权协议为基础形成的一种合作关系，通过 PPP 合同来明确双方的权利和义务，确保项目的顺利完成，最终使合作各方获得比单独行动更好的预期结果。一般适用于需求较稳定、长期合作利益较清楚的项目。

BOT（Build-Operate-Transfer）模式，即建造—运营—移交模式：指以财团或投资人为项目发起人，从东道国政府获得基础设施项目的建设、经营特许权，然后由该投资方独立或联合其他方组建项目公司，负责项目的融资、设计、建造和经营。在整个特许期内，项目公司通过项目的经营获得收入，并用此收入偿还债务。在特许期满之时，项目资产由项目公司无偿或以较低的名义价格移交给东道国政府。

BOO（Build-Own-Operate）模式：BOO 模式与 BOT 模式很相似，都是利用私人或者第三方投资承建公共基础设施项目。在这两种融资模式中，私人投资者根据东道国政府或政府机构授予的特许协议或许可证，以投资机构的名义从事授权项目的设计、融资、建设及经营。在特许期间，项目公司拥有项目资产的所有权、收益权，以及为特许项目进行投融资、工程设计、施工建设、设备采购、运营管理和依法收费等的权利，并承担对项目设施进行维修、保养的义务。BOO 模式与 BOT 模式最大的不同之处在于，在 BOT 项目中，项目公司在特许期结束后必须将项目资产所有权转让给东道国政府；而在 BOO 项目中，项目公司所有权不受时间限制。

第四章

我国电力投融资"一带一路"国家碳排放的估算

4.1 我国电力投融资项目在"一带一路"国家的碳排放

对我国在"一带一路"国家和地区的碳排量作一定的估算，一方面可以为我国后续投融资提供参考，另一方面也能探究我国电力行业在"一带一路"国家投融资对全球实现《巴黎协定》中长期目标的影响。根据课题组在 WRI 数据基础上整理的中国海外电力投融资数据库，通过对包含化石燃料机组的数据分析，发现我国在"一带一路"国家的煤电投融资活动呈现出了明显的区域集中性以及资源趋向性的特点。我国在"一带一路"国家的电力投资主要集中在东南亚（越南、印度尼西亚、菲律宾、马来西亚）与南亚（巴基斯坦、孟加拉国）（见图 4.1）。① 而位居前列的印度尼西亚、越南等国煤炭资源丰富，煤电装机容量均处于较高水平，总装机容量最大的印度尼西亚达到了近 20 吉瓦（GW）。

---

① 本章数据包括所有"一带一路"合作协议和备忘录的签约国，不包括未签约的国家，如印度（数据说明详见第三章 3.1 节）。

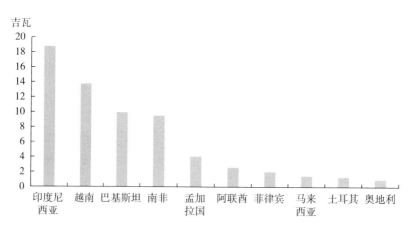

图4.1 我国投融资的煤电装机容量前十位国家，2000—2019年
（资料来源：海外电力投融资数据库）

本书对我国投融资的燃煤发电装机容量前十位的国家对应的碳排量——由我国投资和信贷支持的燃煤发电、天然气发电与燃油发电机组的排放总量——进行了估计（见图4.2）。原始数据的来源、处理以及碳排放计算方法、过程与相关解释参见专栏4.1。估算的局限性主要有以下几点。

第一，未将煤电机组采用的技术纳入考虑，如超临界机组与超超临界机组的效率有较大差别，其碳排放系数也有所不同。对于近年来新建煤电装机普遍采用超超临界技术的国家如印度尼西亚、巴基斯坦等中资支持的煤电项目碳排放很可能会高估。

第二，未考虑电厂装机容量利用率的波动，在实际运行中，机组的容量系数或者利用率是有变化的，本次估算中采取了年平均利用率进行计算（分别取80%，70%，60%），没有按照国家或特定机组进行分类，可能与实际略有出入，如孟加拉国发电产能总体利用率已连年下降，2019—2020财年煤电利用率仅为30%。

第三，仅测算了发电过程中燃料的二氧化碳排放量，没有考虑电厂实际生产运营活动的其他碳排放量，并假定可再生能源电厂的碳排放等于零。可以看到，在80%的平均利用率下，煤电装机容量最大的印度尼西亚的年度碳排放量也最高，达到了近1.1亿吨（见图4.2）。

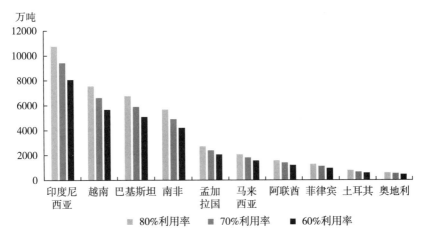

图4.2　中资煤电装机容量前十位国家发电行业的年碳排放量估计

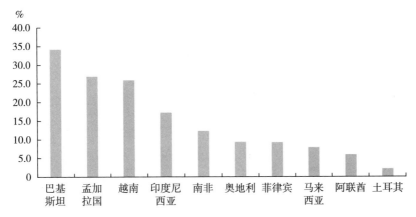

**图4.3　中资煤电装机容量前十位国家发电行业碳排放量占
东道国国内总碳排放量的比重估计，2019年**

中资支持的电厂年总碳排放量在东道国国内总碳排放量中所占比重差异较大，在 80% 的平均利用率的假定下，占比估算值最大的巴基斯坦达到了约三分之一，最低的土耳其仅有 2%，几乎可以忽略不计（见图 4.3）。[①] 若我国继续支持海外新建煤电，就会增加部分发展中国家"双碳"达标的难度，有违"一带一路"倡议的初衷。需要指出的是，以上估计比较粗略，包含的"一带一路"国家的化石燃料发电项目的投融资数据涵盖范围尚不完全，所有的碳排放系数也不完全反映"一带一路"国家煤电装机技术的最新现实。但仍可以从估算结果看出，我国的电力投融资在"一带一路"国家有着不小的份额，对于这些国家的碳排放总量与减碳路径有着较大的影响，尤其是对于那些碳排放占比高的国家。一方面，中国在当地的电力投资贡献了相当部分的碳排放量；另一方面，在这些国家今后的减碳退煤过程中，我国投资的电力项目也更容易受到影响，已签订合同的长期履约风险上升，已建成运营的煤电项目有可能提前停止运营，成为搁浅资产。

4.2　海外电力投融资转型的必要性与迫切性

如第二章所述，"一带一路"电力投融资环境已发生质的变化，第一，"一带一路"国家的电力行业规划、环保政策均倾向于可再生能源，逐步限制（取消）化石燃料发电项目；第二，相当数量的国际金融机构以及多边组织准备或决定停止对煤炭开采

---

① 各个东道国年碳排放总量数据来自 British Petroleum 搭建的囊括了全球 92 个国家和地区的能源概况以及二氧化碳排放情况的数据库。参见 https://www.bp.com/en/global/corporate/energy-economics/statistical-review-of-world-energy.html。

或者燃煤电厂项目的融资支持。发达国家已不再使用公共资金支持境外煤电的投资与融资。尽管近几年我国在"一带一路"国家煤电投融资的脚步已大幅放缓，但考虑到我国已经完成的与正在建设过程中数量众多的化石燃料电厂项目，目前国际投融资整体形势的变化，以及"一带一路"国家未来的碳排放趋势，调整海外电力投融资政策，加快绿色转型势在必行。

从地理位置上来看，部分"一带一路"国家的生态较脆弱，环境承载力不高，如沿线中亚各国多有沙漠戈壁，植被覆盖率较低，且经济发展依赖传统化石能源。尤其是东南亚、南亚、中亚等国工业化水平不断提升，但经济发展仍处于粗放阶段，能源强度与碳强度较高，若不大规模采用可再生能源发电、控制化石燃料电厂数量等措施，要实现《巴黎协定》的温室气体净零排放目标或者将全球变暖控制在 1.5~2℃目标的难度很大。

从全球角度来看，国际能源署（IEA）2021 年 5 月发布的报告提出 2050 年前全球能源部门净零路径，要求除了 2021 年及之前已经承诺的项目外，不再批准开发无减排措施的新燃煤电厂，不再批准开发新油气田，不再批准开发新煤田或煤田延期，并且今后十年要迅速扩大太阳能和风能的应用——2030 年之前，太阳能光伏发电每年新增装机 630 吉瓦，风电每年新增装机 390 吉瓦，这样的增速达到 2020 年纪录水平的 4 倍。[①]

改变能源结构，扩大绿色投资刻不容缓。由清华大学与 Vivid Economics 课题组发表的报告显示，除中国外，目前参与"一带一路"倡议的 126 个国家（截至 2019 年 4 月 12 日）GDP 总值约占全

---

① International Energy Agency（2021）.

球 GDP 的 23%，碳排放量约占全球碳排放总量的 28%。[1],[2] 在各主要行业中，电力行业要实现《巴黎协定》控制全球变暖不超过 2℃目标面临的挑战很大。到 2030 年，要实现 2℃目标碳排放路径，选定的 17 个主要的"一带一路"国家的煤电和油电装机容量需要比当前降低 104 吉瓦（GW），"一带一路"国家到 2030 年电力行业的绿色投资需求保守估计为 5 万亿美元。按照目前的发展模式，"一带一路"国家如不采取相应的措施，至 21 世纪中叶，其碳排放总量将达到全球总量的 66%（不包括中国，且在全球其他国家及地区均达到 2℃目标所要求的减排水平的情况下），届时全球碳排放总量将高达 2℃目标允许的碳排放总量的 2 倍。

4.3 "一带一路"倡议发起以来的变化

自 2013 年"一带一路"倡议提出以来，我国在"一带一路"沿线地区对可再生能源发电项目的投融资较之前明显增加。以"中巴经济走廊"为例，近年来我国投融资支持建设了大量的水电、光伏发电等可再生能源电站，其中水电装机量近 5 吉瓦（GW）。可再生能源电力比重的增加，煤电比重的相对下降是"一带一路"倡议带来的最显著变化，有力地促进了巴基斯坦等国家电力行业的低碳转型。

---

① 清华大学与 Vivid Economics 课题组（2020）。
② 与本文选取的"一带一路"国家的截止时间有所区别。

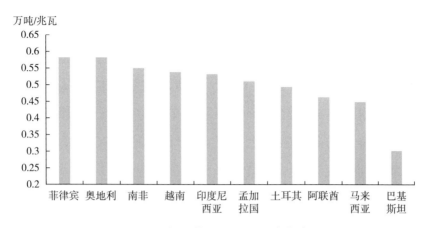

图4.4 各国装机容量平均碳排放

图 4.4 显示了我国在各国投融资的电力装机容量平均碳排放（碳排放量 / 总装机量），其中的装机容量包括可再生能源。在巴基斯坦、阿联酋等国，虽然中资支持的煤电装机容量较大，但我国投资的可再生能源装机容量也较大，平均碳排放反而较低。我国在巴基斯坦投资和参与的非化石燃料发电项目的装机容量累计达到 10 吉瓦（GW），与化石燃料装机容量基本持平，因此巴基斯坦的装机容量平均碳排放在十国中处于较低的水平。由于越南、印度尼西亚等国的煤炭资源禀赋和早期能源规划，我国企业承建的煤电装机容量占比较高，其对应的平均碳排放水平也较高。

在实现《巴黎协定》2030 年目标的关键十年，应该通过海外电力投融资转型，提升可再生能源在"一带一路"国家电力供给中的比重，支持沿线国家减少煤炭燃料的碳排放。我国在"一带一路"国家电力投融资的装机容量平均碳排放将继续下降趋势，在可以预见的未来，单位容量的投融资将更加低碳绿色。

此外，我国也应带头提高"一带一路"国家投融资项目的碳足迹透明度。逐步建立统一的测算标准、流程，计算和公示各类电力投资项目生命周期内的碳排放数据，甚至实时碳排放数据。

精准翔实的数据有助于更好地分析投资效果，为政府有关部门调整、制定相关政策，企业改进经营、加强创新提供支持。国内已有研究人员从事这方面的工作，如清华大学刘竹团队开发维护的全球实时碳排放监测系统[①]以日为单位更新美国、俄罗斯、中国、巴西等国的碳排放数据，已被全球碳计划（GCP）用作估计2020年碳排放变化的基础数据库。

> ### ◢ 专栏4.1 碳排放估算说明
>
> 中国海外电力投融资数据库提供了东道国项目的装机容量数据。以该数据库为基础，首先筛选出了我国企业对各个国家投融资项目发电装机容量的相关信息。其次筛选估算碳排放系数。最后依据这些发电装机容量数据、产能利用率假定以及碳排放系数进行碳排放估算。
>
> 各燃煤机组的碳排放系数估算：与国内相同容量机组的数据比对，取装机容量相同（接近）机组的碳排放系数作为估计值（有多个则取平均值）。因数据量较大，本专栏无法一一列出具体单个机组所配对的碳排放系数。排放系数或排放因子根据各煤电机组情况差别很大，较权威的数据来源包括 IPCC（2006），但其仅有不同燃料单位能耗的排放参考数据，很多其他文献则根据具体情况折算不同燃料发电时单位电力产出（千瓦时）的碳排放（克或千克）。考虑到我国对外投融资建设的电厂大部分采用较新、较清洁的燃煤发电技术，因此适合采用较低的排放系数（JCM，2019）。

---

① 参见 https://carbonmonitor.org/。

燃油与燃气的碳排放系数估算来自中国海外电力资产数据库。该数据库利用 Tong，D. et al. 2018 年发表的简化模型估算不同机组的碳排放系数。[①] Tong，D. et al.（2018）模型考虑了各地区电厂规模、燃料质量和蒸汽类型的不同，提供了各地区燃煤、天然气和石油电厂的碳排放系数，东道国所在区域不同，各类发电机组的碳排放系数也有所不同。该模型采用的主要碳排放系数如表 4.1 所示。

表4.1 各区域二氧化碳排放因子

区域	二氧化碳排放系数 (g/kW·h)	
	燃气	燃油
中国	455	211
印度	456	1099
欧洲	453	782
俄罗斯	713	1171
亚洲其余区域	566	657
中东与非洲	535	869
加拿大与拉丁美洲	464	660
美国	487	1323
世界其余区域	505	1248

依据以上信息，碳排放的计算公式为

年二氧化碳排放量 = 装机容量 × 产能利用率 ×8760× 碳排放系数 /10000

（万吨）　　　（GW）　　（%）　　（小时）（g/kW·h）

---

① Tong，Dan，et al.（2018）.

本书估算方法有以下局限：

首先，未将燃煤机组采用技术纳入考虑，如超临界机组与超超临界机组的效率有较大差别，其碳排放系数也有所不同。

其次，未考虑发电机组容量利用率的波动，实际运行中，机组的容量系数或者利用率是有变化的，本次估算中采取了年平均利用率进行计算，没有按照东道国或项目机组进行分类。

再次，仅测算了发电过程中燃料的二氧化碳排放，没有将电厂实际生产运营活动的其他碳排放纳入考虑，并将可再生能源电厂的碳排放直接按零计算。

最后，我们选取"一带一路"国家煤电机组碳排放系数是通过比对国内煤电相同或相近装机容量机组的排放数据，而这后者数据库截至 2014 年。Tong, D. et al.（2018）的模型则是基于 2010 年的机组数据。本书采用的排放系数比 Tong, D. et al. (2018) 更接近实际，但也不完全代表最新建成投产发电机组的碳排放系数。

第五章
电力投融资转型的挑战与机遇

5.1　来自东道国的挑战

5.1.1　资源禀赋与绿色转型

资源禀赋会成为发展中国家电力绿色转型的阻力吗？总的来看，"一带一路"国家煤炭资源并不具备很明显的优势，可再生能源尤其是新能源禀赋不差。东南亚以及中东地区的太阳能资源，中亚、东欧和南美地区的风力资源相对来说比较丰富，具备较好的开发条件。

"一带一路"国家的煤炭资源具有储量丰富与分布不均匀的特点。[①] "一带一路"国家煤炭储量约占全球已探明的煤炭资源的 32.6%，总量水平较高；但煤炭资源在各个国家之间的分布极不均衡，俄罗斯、印度尼西亚、乌克兰、波兰、哈萨克斯坦 5 国占据了"一带一路"国家煤炭总体储量的 82.8%（见表 5.1）。

表5.1　　　　　　"一带一路"国家煤炭资源禀赋

国家	探明储量（百万吨）	全球占比（%）
俄罗斯	162166	15.2
印度尼西亚	39891	3.7
乌克兰	34375	3.2
波兰	26932	2.5

---

① 各国煤炭储量见英国石油公司数据库（http://www.bp.com/statisticalreview）。

续表

国家	探明储量（百万吨）	全球占比（%）
哈萨克斯坦	25605	2.4
土耳其	11525	1.1
南非	9893	0.9
新西兰	7575	0.7
塞尔维亚	7514	0.7
越南	3360	0.3

资料来源：http://www.bp.com/statisticalreview。

就风能资源而言，根据壳牌国际（Shell Global）的数据库，"一带一路"国家如哈萨克斯坦、蒙古国、也门、沙特阿拉伯、乌克兰、伊朗等有着非常丰富陆地风力资源；而印度尼西亚、越南、缅甸等国有着极佳的海上风力资源。

太阳能资源可以分为分布式发电和集中式发电的资源。分布式太阳能资源主要指利用设置在建筑外部的光伏板加热或者发电（不包括居民住宅安装的自用光伏板），也就是可以被用来支持分布式小型并网光伏系统的资源。集中式太阳能资源指可以用来支持集中式大型并网光伏电站的资源。

"一带一路"国家的太阳能资源在全球跨地区比较中具有明显的优势。许多"一带一路"国家有大量的荒漠，且多数分布在日照相对充足的地区，适合建立集中式光伏电站，这些国家包括沙特阿拉伯、埃及、尼日尔、伊朗等。"一带一路"国家适合建造分布式小型并网光伏电站的资源也非常丰富，资源禀赋较好的国家包括巴基斯坦、印度尼西亚、埃及、菲律宾。

总的来看，"一带一路"国家煤炭资源分布很不均衡，少数国家占有绝大部分资源。此外，对于一个国家来说，煤炭资源禀赋的优势不仅取决于与其他国家的对比，还取决于与国内其他能源资源的比较。例如，印度尼西亚的天然气和石油储量在亚洲均仅次于中国，煤炭储量位次较低，但其煤炭相对石油和天然气有着较大的价格优势，因此目前印度尼西亚的主要电力来源仍为煤电。对于电力的绿色转型，部分国家丰富的化石燃料资源在短期内因为成本优势可能会成为阻力，但是从长远来看，随着有限化石能源资源的开采以及新能源技术的发展，新能源相对于化石能源电力的成本优势将更加明显。新能源电力取代化石燃料能源电力是大势所趋。

目前"一带一路"国家新能源电力开发利用的难题主要集中在缺少投资资金、成熟的技术、具有商业可行性的市场规模以及完整配套的基础设施等方面。合理利用这些国家和地区的太阳能和风能资源不仅能够促进电力系统绿色转型，而且还能够推动当地经济增长、社会发展。以巴基斯坦为例，目前其已探明的石油、天然气、煤炭资源并不丰富，过去主要依靠进口化石能源（石油、天然气和燃煤）发电维持电力供应。"一带一路"倡议发起后，我国与巴基斯坦共建"中巴经济走廊"。凭借区域内丰富的风能、太阳能以及水力资源，"中巴经济走廊"吸引了一大批中国企业（如长江三峡集团等）建设可再生能源发电项目，既增加了电力供给，也缓解了巴基斯坦的碳减排压力。

5.1.2　全生命周期成本与转型

全生命周期平准化度电成本（LCOE）指发电机组在整个生命周期从投资、建设、运营、维护、退役全部成本支出的贴现值与运营周期内发电量经济时间值之比，或总成本除以全部发电量折现的度电成本。对东道国 LOCE 的讨论分两部分，首先是假定已投产煤电项目剩余发电寿命的燃料价格等于 2019 年价格，不考虑碳合规成本，按 IRENA 的 LCOE 计算方法，结合海外电力投融资数据库的特点，估算部分"一带一路"国家不同能源电力的 LCOE（数据缺陷、估算方法及假定见专栏 5.1），比较煤电与其他能源电力成本的差别与发展趋势。最后引入未来煤炭等燃料价格，格拉斯哥气候峰会后各国加强碳合规监管的成本，以及清洁煤电技术等因素，讨论"一带一路"国家 LCOE 的未来走势。

表5.2　　　　　　　　　　部分国家各类项目LCOE

国家	项目名称	发电类型	装机容量（兆瓦）	LCOE（美元/千瓦时）
巴基斯坦	Karachi Coastal	核电	2200	0.080
	Suki Kanari	水电	938	0.079
	Karot-Jhelum	水电	720	0.093
	Port Qasim Datang	煤电	700	0.052
	Thar Block-Ii Nova	煤电	330	0.060
印度尼西亚	Pacitan	煤电	630	0.045
	Banten Suralaya	煤电	625	0.045
	Tanjung Kasam	煤电	130	0.061
	Parit Baru	煤电	100	0.064
越南	Vinh Tan-2	煤电	1244	0.051
	Vinh Tan-1	煤电	1240	0.061
	Hai Phong Thermal-Ii Phase I	煤电	600	0.053
	Cao Ngan	煤电	100	0.053
孟加拉国	Payra Patuakhali	煤电	1320	0.072
老挝	Nam Ou	水电	1252	0.079
	Nam Tha-1	水电	168	0.089
哈萨克斯坦	Moynak	水电	300	0.045

从表 5.2 可以看出，煤电成本普遍较低，主要在 0.05~0.07 美元/千瓦时范围内波动；水电成本则相对较高，前期投资大、推高了全生命周期成本。即使是运营成本较低的水电，除了小水电，全生命周期成本也可能较高。

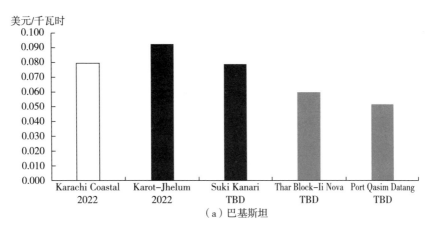

（a）巴基斯坦

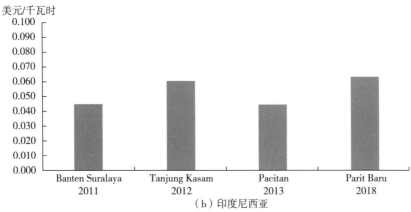

（b）印度尼西亚

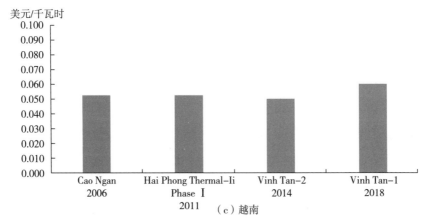

（c）越南

注：白色表示核电，黑色表示水电，灰色表示煤电；项目下方数字表示投产年份，TBD表示待开工，下同。

图5.1 部分国家电力项目LCOE

图 5.1 更直观地展示了 LCOE 的变化，同一国家相同能源电力不同投产时间的项目，同一国家采用不同能源发电的项目，其 LCOE 均有差别，煤电的成本普遍较低。

从时间尺度来看，将各个项目按照投产时间排列（对于同一年投产的项目取该年各项目 LCOE 均值），我国投融资支持的煤电项目 LCOE 随着时间的推进呈上升趋势（见图 5.2）。

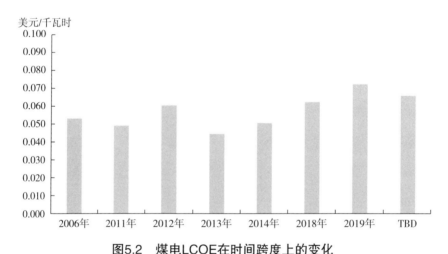

图5.2　煤电LCOE在时间跨度上的变化
（资料来源：课题组估算）

东道国各类电力 LCOE 的未来变化是促进还是阻碍绿色转型，需要考虑电厂运营成本主要是燃料等可变成本以及全球落实《巴黎协定》背景下可能增加的碳税、碳交易、其他碳合规成本，以及清洁煤电技术的影响。本节对 LCOE 的估算（见表 5.2、图 5.1、图 5.2）并没有加入未来燃料成本以及碳合规成本变化的影响。可以想见，随着煤电技术的进步（如 700℃超超临界技术的大规模推广），煤电的 LCOE 还有一定的下降空间。但是，随着燃煤价格的上升（考虑到通货膨胀以及有限煤矿资源的不断开采和枯竭）以及碳合规成本的引入，在投资、建设成本不变的情况下，煤电 LCOE 将呈现上升趋势。相比之下，新能源（风力、太阳能）的发电技术与效率不断进步，成本正在较快下降，煤电低成本的优势也终将消失，风能、太阳能发电取代煤电的趋势将有力地促进各国的绿色转型。

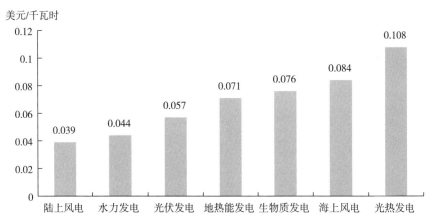

注：所有金融价值均以2020年实际美元计算（考虑通货膨胀）。IRENA（2021）在计算LCOE时假设所有技术的实际加权平均资本成本（WACC）在OECD成员和中国为5%，在世界其他国家为7.5%。所有的LCOE计算都排除了财政支持的影响。

图5.3　2020年各类发电方式的全球加权平均LCOE

［资料来源：IRENA（2021）］

据国际可再生能源机构（IRENA）2021 年的可再生能源电力成本报告，过去十年间，除水电之外的可再生能源发电的成本有了相当大程度的下降。光伏发电、陆上风电、海上风电分别下降了 85%、56%、48%，主要原因包括技术进步、规模经济、政策资金支持、企业竞争等。IRENA 的分析表明，在部分国家和地区，现有一定规模燃煤电厂的运营成本已高于新建公用事业规模的太阳能和陆上风力电站，部分国家新能源相对于化石能源电力的 LCOE 已进入拐点区域。随着成本的下降，新能源电力的竞争力将进一步增强。据 IEEFA 考察，巴基斯坦 2018 年太阳能电力价格平均为 0.052 美元 / 千瓦时，风力发电项目甚至更低，平均为 0.043 美元 / 千瓦时，已经低于了煤电与水电的价格。

5.1.3　东道国债务可持续的影响

我国海外电力投融资的主要市场是"一带一路"的中低收入国家。这些国家大多在 2020 年新冠肺炎疫情暴发前被国际信用评级机构认为高投资风险地区，信用评级为非投资级。虽然许多发展中国家经历过多轮（官方双边、重债穷国减债倡议、多边组织减债倡议）债务减免，但疫情前债务累积问题已有显现。新冠肺炎疫情进一步打击了这些国家的偿付能力，导致外汇和财政收入下降，经济低迷，失业增加。由于疫苗短缺，截至 2021 年 11 月中低收入发展中国家新冠疫苗接种率严重低于发达国家。由于财政空间有限，这些国家无法动用财政工具支持经济复苏，其债务问题将持续相当时间，很可能成为电力绿色转型的制约因素。

电力项目往往投资规模大，建设周期长，东道国政府提供合格的主权担保能够有效降低贷款方的风险，因此中资金融机构在评估风险时往往将其作为重要指标。受较高的债务水平以及疫情的影响，部分"一带一路"国家的主权信用评级下降，增加了以主权担保为前提的债权融资的难度，进一步借债或提供主权担保的空间已较疫情前大幅下降，这将推动中资参与从信贷向直接投资转变。

5.2　来自国内的挑战

5.2.1　传统电力产业产能过剩

我国碳达峰、碳中和的战略决策无疑给高碳排放行业带来了挑战，煤电产业首当其冲。国内新建煤电产业链竞争激烈，上、中、下游都出现产能过剩。传统电力设备订单趋势性下降，国内设备制造业包括三大电力设备制造商（上海电气、东方电气、哈尔滨电气）的产能出现过剩。此外，国内煤电厂机组年利用时间设计为 5500 小时，实际运行中平均不到 4000 小时，仅有 60% 左右的利用率。国际先进水平则是设计年利用 8000 小时，实际运行利用率可以达到 85%。传统电力建设的电站设计、设备采购、工程承包、建设施工等相关企业在国内外需求有限或下降的情况下也出现产能过剩。处理过剩产能涉及产业人员的就业和社会稳定，在我国经济从高速度向高质量转变的过程中尤其不容易。

如何化解传统产业的过剩产能，保持社会稳定，是实现电力产业海外投融资绿色转型的关键。煤电目前在国内电网系统起到"压舱石"的作用，对于现存煤电机组，既要关闭落后产能，又要科学评估，对不淘汰的煤电机组进行超低排放改造，提高产能利用灵活性；既要坚决减少碳排放，又要维持国内供电稳定、电网调峰的能力。这就要求对于新项目坚持严格科学的筛查，审慎批准。同时加快研发碳捕集、利用、储存技术，发展各种储能技术、氢能等新兴产业。国内的电力投资建设企业要调整投资布局，支持电力行业的绿色低碳转型。

5.2.2 新能源企业资金链紧张

新能源电力企业资金链紧张有各种原因，比较突出的是新能源发展初期的上网电价补贴欠款，以及民营企业融资难、融资贵的问题。有关部门为鼓励新能源电力发展曾出台差价补贴机制，补贴资金来自电价附加。即电网收购新能源电量费用高于按照常规能源发电平均上网电价计算所发生费用之间的差额，由在全国范围内对销售电量征收电价附加补偿。[①] 截至 2019 年底，电价附加征收总额仅能满足 2015 年底前已并网新能源项目的补贴需求，"十三五"期间 90% 以上新增新能源发电项目补贴资金来源尚未落实。[②] 由于新能源电力在补贴的刺激和成本下降推动下发展远超国内售电量增长，以及未及时调整电价、未依法严格征收电价附加等原因，巨额的补贴缺口导致新能源上下游企业都存在资金链紧张的问题，售电资金的回笼滞后变相加剧了企业海外投资的难度，尤其是对于本身资金并不充裕的民营企业来说，大量的应收账款造成了现金流的紧张，使其在海外的竞争力与风险承受力大大下降。

据国家发展和改革委员会发布的政策，自 2021 年 8 月 1 日起，对新备案的集中式光伏电站、工商业分布式光伏项目，新核准的陆上风电项目，中央财政不再补贴，实行平价上网。[③] 新建项目上网电价按当地燃煤发电基准价执行，也可自愿通过参与市场化交易形成上网电价。新增装机补贴的正式退出反映了我国光

---

① 参见《中华人民共和国可再生能源法》，http://www.nea.gov.cn/。
② 参见全国人民代表大会常务委员会执法检查组关于检查《中华人民共和国可再生能源法》实施情况的报告，http://www.npc.gov.cn/npc/。
③ 参见《国家发展改革委关于 2021 年新能源上网电价政策有关事项的通知》，https://www.ndrc.gov.cn/。

伏与陆上风电产业的成熟，随着我国电力现货市场改革的深入，市场在电力行业资源配置中更加发挥决定性的作用。关于海上风电项目补贴问题的讨论，可参考附录二。

5.2.3　民营企业融资难、融资贵

从本书第三章第 3.3 节可以看到，民营企业项目获得海外资金的比例远高于国内资金。由于"一带一路"国家风险较高，国内美元流动性较低等原因，我国企业"走出去"的贷款利率也较高。我国企业在这些地区投融资的重要资金来源是中资银行，而中资银行对于项目融资类贷款的风险评估较谨慎，对于项目发起人或企业的资质要求较高，风险偏好较保守，要求投资人提供资产抵押等缓释措施进行风险覆盖，审核时往往要求东道国或项目提供一定的担保或抵质押措施，一般很难接受民营企业的股东担保，增加了民营企业融资难度。与中央企业和大型地方国有企业相比，在海外新能源投资方面具有竞争力的民营设备供应商往往很难满足在资质、抵押或担保方面的要求，从中资金融机构获得中长期贷款的难度与利率水平都更高。

除了银行贷款，对我国企业海外项目发挥重要支持作用还有出口信用保险。成立于 2001 年的中信保是中国唯一承办中长期和海外投资信用保险业务的政策性金融机构。中信保对电力项目的支持有基于主权信用、基于商业信用和项目融资三大类。近年来，中信保在支持民营企业、支持新能源电力项目方面不断发力，在主权类项目数量相对下降的情况下，基于商业信用和项目融资的项目数量比重上升。在新能源项目领域，如光伏发电、风电等设备制造类项目，中信保对民营企业支持的比重也较大，

例如承保隆基、晶澳、天合、晶科等国内光伏企业出口光伏组件等业务，累计保额约 40 亿美元，为企业争取订单发挥了积极作用。然而，在后疫情时代，出口信用保险如何面对传统化石能源电力业务的大幅下降，尤其是煤电业务退出的转型挑战，如何支持我国企业开拓扩大海外新能源电力市场成为一项必须破解的新课题。在承保范围、产品种类体系、对新能源项目支持力度等方面，有关学者也提出过一些建议，尤其是如何在海外风险发生较大变化后及时与时俱进，进一步支持民营企业解决融资难题，值得我国有金融机构探索考虑。[①]

5.3 从传统到绿色电力体系转型期的挑战

5.3.1 新能源电力的间歇性

在各类可再生能源中，风力发电与太阳能发电有明显的间歇性，且间歇性出现的频率和不确定性远高于水力发电。光电与风电并网对于电网的影响主要集中在系统频率、电能质量等方面。大规模太阳能电站、风力电站并网，若电源结构不相应调整，势必对电力系统产生冲击。此外，由于电量产出的不稳定，当这些可再生能源电站与常规火电机组同时进行联合调度时，常出现电力消纳困难的情况（即弃风、弃光现象）。此外，由于风光输出功率的波动特性，影响多能源电力系统正常运行，且使常规机组频繁调峰，甚至出现了深度调峰情况，既降低了电力系统的经济性，也降低了常规火电机组发电的稳定性。[②]

---

① 张丽莎（2020）。
② 王淑云、娄素华、吴耀武（2020）。

实现"双碳"目标要求降低化石燃料发电的比重，甚至降低此类燃料的发电量。如果低碳排放的可再生能源电力不能相应增加，及时到位，停电或限电有可能成为常态。化石能源行业资本性支出的相对下降也有可能导致化石能源供不应求，造成经济运行成本上升，物价上涨，导致居民实际收入下降，抑制消费需求和经济增长，推高"滞胀"风险。[①]

近年来，随着可再生能源电力的发展，可再生能源电力大规模取代传统火力发电虽然更加低碳、对环境更加友好，但同时也在一定程度上降低了电力系统应对极端天气的能力。[②]电网消纳间歇性能源供电目前存在"天花板"，即新能源供电很难超过电网全部电力供给的一定比例（如15%）。产业界涌现了大量关于间歇性电力并网的研究，大规模的储能技术（如抽水蓄能电站）是目前的研究热点。目前国内已有多个省份提出了新建光伏风电项目需要配套储能设施，如青海省《关于印发支持储能产业发展若干措施（试行）的通知》，明确新建新能源项目储能配比原则上不低于20%；山东省能源局《2021年全省能源工作指导意见》，提出建立独立储能共享和储能优先参与调峰调度机制，新能源场站原则上配置不低于10%的储能设施。[③]但新能源电站配套储能装置在全国范围内落实，大幅突破新能源占电网全部电力供给比例的"天花板"，需要克服技术和大规模应用经济性的制约。

[①]　周小川（2021），中金公司（2021）。

[②]　案例分析见附录一。

[③]　资料来源：https://www.163.com/dy/article/。

5.3.2 技术和资源制约

据有关研究，应对风能和太阳能发电间歇性问题的电池储能技术，有若干基本的制约因素。首先，以工业规模建造储能电池必须克服工程、施工方面不可避免的挑战，例如巨型电池组合发生火灾的风险。其次，为吸纳大比例间歇性新能源电力所需电池规模的挑战。这种规模前所未有，所需投资巨大，其经济可行性很难保证。最后，与储能电池规模相关，制造这些电池所需的特种金属、矿物原料也受地球有限可开采储量的制约。

经过十余年的推动与发展，我国光伏产业已经处于世界领先水平，但光热发电技术仍与国际前沿有差距。以光伏组件为例，在 2020 年全球出货量前十位的企业中，我国占据了 8 家，包括隆基、晶科、天合等国内领先企业。据中国光伏行业协会的统计数据，2020 年中国光伏组件产量达 124.6 吉瓦，同比增长 26.4%，连续 14 年居全球首位，其中出口 80.7 吉瓦，出口额 182.3 亿美元，同比增长 5%。[①] 我国目前拥有世界上最完整的光伏全产业链以及较全面的光伏技术人才队伍，有着很强的国际竞争力，但光热发电的某些核心零部件还依赖进口，技术研发与国际先进水平还有差距。

我国海上风电的技术研发水平仍与欧美企业存在一定差距，发电的成本不占优势。在风机制造方面，高性能的风机叶片和主轴承两大核心零部件尚未国产化，与西门子歌美飒、通用电气等国外领先企业仍有较大差距，这些"卡脖子"部件依赖于进口是我国海上风电成本居高不下的主要原因之一。此外，我国海上风

---

① 资料来源：http://www.cccme.org.cn/news/content-3003986.aspx。

电建设中的打桩锤目前只能从荷兰或北欧等国进口，而打桩锤的生产周期长达一年，这也严重制约了国内海上风电的发展。在其他能源方面，美国、日本、欧盟等发达经济体在氢能源的研发应用上也有领先的优势。

5.3.3　新能源电力的全成本

第 2.2 节和 5.1.2 节关于各类电力全生命周期平准化度电成本（LCOE）的讨论比通常财务会计的成本定义更有助于分析电力投融资的绿色转型。然而，更具实践意义的是可再生能源或新能源电力全部成本或全成本的概念，即新能源电力增量能够稳定、安全替代煤电等化石能源电力的全部成本。低估能源、电力绿色转型的广泛联系和实际成本将有可能推高经济、社会向低碳转型或"去碳化"的成本，延误"去碳化"进程。[①]

为了克服新能源电力的间歇性、季节性、极端气候变化时的波动性，新能源电力稳定上网所需配置的储能设备、技术投入、原有主流电力机组的灵活性改造，电网和需求管理的智能化改造等费用也构成新能源电力的全成本。这个全成本与 LCOE 不同，很可能比 LCOE 高。由于相关科技突破和商业化应用前景的不确定性，新能源电力的全成本也比 LCOE 更不确定。在新能源电力 LCOE 已经低于煤电 LCOE 的国家和地区，新能源电力的全成本很可能仍未达到低于煤电成本的"拐点"。

在能源政策的制定和执行中，考虑可再生能源或新能源的全成本将更符合现实，也更有利于经济社会稳定发展。例如，确定

[①]　金砖国家新开发银行原副行长祝宪、周小川（2021）都强调全面评估电力绿色转型成本。

新能源能否成为一国或区域电网的"基本负荷电力"及何时达到此目标，使用全成本而不是 LCOE 或其他成本概念，就可在较大程度上避免因低估应对气候变化和能源转型的经济成本而产生的问题，相应能源规划设定的目标、举措，投入都会更具可行性。这一概念在海外电力投融资项目选择评估的应用也可避免误判和亏损，增加项目成功上网、长期盈利的概率。

5.4 投融资绿色转型的机遇

综观国际国内大势，我国发展仍处于可以大有作为的重要战略机遇期。我们要准确判断重要战略机遇期内涵和条件的变化，全面把握机遇，沉着应对挑战。世界经济在新冠肺炎疫情下受到冲击，仍处于深度调整期，全球治理体系面临变革，对我国来说，机遇与挑战并存，国际环境的变化孕育着新机遇。

5.4.1 海外市场需求

发展中国家经济要发展，民生要改善，对电力等基础设施是长期存在的刚性需求。2020 年是煤电新增装机的"低谷期"。根据全球能源监测（Global Energy Monitor）的数据，2020 年上半年全球煤电装机容量首次在半年期内出现净减少。[①] 世界范围内退煤趋势明显，我国煤电投融资较集中的东南亚与南亚国家，如巴基斯坦、菲律宾、越南、孟加拉国已表示严格控制未来煤电新增装机容量或者已经决定不再受理新煤电项目的申请。可再生能源逐渐取代煤电的趋势已经显现。许多"一带一路"沿线国家仍

---

① 中外对话，2020 年 8 月 4 日，http://www.nengyuanjie.net/article/39083.html。

处于较初级的经济发展阶段，电力消费需求仍较快增长，具备较好的风力和太阳能发电自然条件，因此是潜力巨大的新能源电力市场。例如，越南为发展风力及太阳能发电先后推出一系列优惠政策，到2030年前要实现新能源发电占总发电量10.7%的目标。

发达国家市场也有需求。这些国家同样面临电力体系绿色转型的压力。新能源设备制造、项目开发、电站设计、建设施工，升级改造的产业链经过全球化多年，不可能全产业链的所有环节都完全回归发达国家。发达国家对在新能源电力建设产业链占有一定优势国家的产品和劳务仍有需求。

我国国内市场的巨大规模使我国新能源产业链上的企业有利用规模经济迅速降低成本、改进技术的比较优势。我国企业在新能源领域拥有先进的技术，成熟的设备制造供应链，以及电站设计、建设、运营能力。通过绿地投资将部分产能和先进技术转移至"一带一路"地区，能够助力沿线国家绿色转型与经济发展，实现双赢互利，符合中国和这些国家可持续发展的长远利益。我国企业也要与时俱进，加快转变海外运作和投融资模式，从传统的EPC模式，向投资—建设—运营模式发展，借助各类形式的资本，加快产业链上下游协调"走出去"，更好地服务海外市场。

5.4.2 科技创新空间

突破技术制约要求创新。风能和太阳能发电不稳定的特征对电力系统平稳运行、保障供电带来很大的挑战，大规模储能技术因此备受关注。目前抽水蓄能是最成熟也是应用最广的储能技术，但是其对于地理条件的要求较高，并非普遍适用。化学电池储能技术，典型代表为锂电池技术，已经取得了巨大发展，并大规模应用于电动汽车领域，宁德时代、比亚迪是领域内创新的佼佼者。化学电池储能技术的其他应用包括作为新能源电力间歇性的解决方案还有很多难关需要攻克。氢储能以其无污染、高效率、长寿命的特点也受到广泛关注，目前日本、美国、欧盟在这方面的技术积累与应用走在前列。我国在氢储能技术的研发和应用与先进国家比都存在差距，技术创新的空间很大。

要实现全球范围内双碳目标，碳捕集利用与储存（Carbon Capture，Utilization and Storage，CCUS）技术必不可少。截至2020年，全球有65座商业CCUS设施，每年可捕集和永久封存约4000万吨二氧化碳；我国有35个CCUS示范项目，但商业设施仅6个，我国总计二氧化碳捕集能力仅300万吨/年，2007—2019年累计二氧化碳封存量仅200万吨，与国外存在一定的差距。[①] CCUS技术能够有效减少化石能源尤其是燃煤发电、钢铁工业、建筑行业的碳排放，在实现碳中和的进程中可发挥重大作用，但目前CCUS技术面临着耗能、成本、二氧化碳难转化应用等问题，还有技术瓶颈，也有很大的发展空间。

新能源供电比重的增加也要求输配电及电网建设升级改造，提高电网应对供需两端波动冲击的韧性，这方面技术创新的空间也不小。近十年来，我国电网系统发展迅速，一批新技术投入使用，系统自动化水平稳步提升，输电可靠性大大增强。我国有特变电工等特高压输变电设备制造龙头，国家电网等输变电企业在特高压理论、技术、标准、工程建设、运行等方面创新突破，将具有自主知识产权的特高压输电技术和设备输出国外，实现了

---

① 参见《碳捕集利用与封存技术大规模应用卡在哪儿?》，https://m.thepaper.cn/baijiahao_13247502。

"中国创造"和"中国引领"。[①] 国家电网有限公司为发展智能电网提出了"一个目标，两条主线、三个阶段、四个体系、五个内涵、六个环节"的发展思路，经过十多年的发展，已进入第三阶段，即引领提升阶段。随着可再生能源的大规模应用，作为互联网与能源生产、传输、存储、消费以及能源市场深度融合的能源产业发展新形态，能源互联网的建设也在不断开展，要求我国企业继续科技攻坚克难。[②] 我国特高压输电、智能电网等技术通过在"一带一路"的电力投资不仅加强了沿线发展中国家的经济增长，也惠及当地民生，助力这些国家实现"双碳"目标。

5.4.3 市场化融资前景

全球对新能源越重视，利用市场化渠道包括资本市场进行股权、债权融资的前景就越好。随着各国对于气候问题与可再生能源的重视以及控制、减少碳排放承诺的付诸实施，全球范围内资本市场对于绿色企业的认可度与行业景气度期望提升，投资、资管行业对环境和社会可持续（ESG）理念、产品的需求上升。此外，各国加大财政甚至信贷政策对清洁能源的支持也为新能源电力行业带来更好的融资前景。根据 Mercom Capital 发布的数据，2020 年全球太阳能企业融资总额（包括风险资本、私募股权、债务融资和公开市场融资）达到 145 亿美元。其中债务融资额同比增长 6.4%，公开市场融资额同比增长 101%。[③]

我国新能源电力企业近年来的资本市场融资情况也反映了上

---

① 特高压指电压等级在交流 1000 千伏及以上和直流 ±800 千伏及以上的输电技术，具有输送容量大、距离远、效率高和损耗低等技术优势。

② 国家能源局，http://www.nea.gov.cn/2016-02/29/c_135141026.htm。

③ 北极星太阳能光伏网讯，https://guangfu.bjx.com.cn/news/20210112/1128908.shtml。

述趋势。隆基股份（全球最大的太阳能单晶硅棒和硅片制造商）2017 年 6 月以来的股价一直呈上升趋势（见图 5.4）。随着国内资本市场的成熟以及对于光伏产业的支持，光伏组件龙头企业天合光能、晶澳科技也分别于 2017 年、2018 年从美股退市，回归 A 股。2020 年 10 月 30 日，江西晶科（晶科能源控股子公司）完成 31 亿元人民币（约合 4.6 亿美元）的股权融资，主要是为其后续登陆上海证券交易所科创板做准备，希望能够获得更多融资以支持其发展。天合光能、晶澳科技、晶科能源均为民营企业。国有控股企业三峡能源 2021 年在 A 股上市，上市首日股价涨幅44.15%，市值突破 1000 亿元，这是目前中国电力行业历史上规模最大 IPO，募集的资金将主要用于海上风电项目。

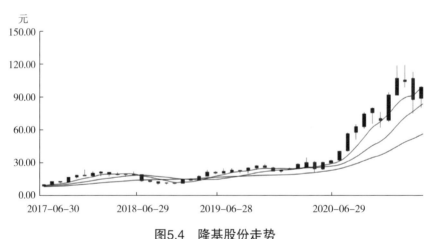

图5.4　隆基股份走势
（资料来源：证券网络信息）

要加快金融市场化法治化改革，推动民营企业与国有企业合作，发挥各自优势，支持"走出去"的企业按国际规则进行市场化融资。应当加快金融机构改革，在与境外金融机构的合作中积极缩小差距，厘清官方业务与商业业务、官方资金与商业资金的区别，为新能源企业公平利用国际市场资金创造更有利条件。金融机构在停止海外煤电投融资支持的同时，应逐渐减少对其他化石能源电力项目的支持，将可再生能源项目作为主要支持对象，提升海外投融资风险评估、管控水平，切实降低企业融资难度。

电力行业是"一带一路"建设的重要领域，以低碳绿色、可持续发展为目标，通过国际合作和自由公平贸易投资实现共赢。作为"一带一路"倡议发起方，我国既面对重大挑战，也有着巨大的机遇。借助"一带一路"，我国西部经济迎来了对外开放的新格局，与东部沿海地区的差距正在缩小，推动我国经济、社会迈向共同富裕。

> ◤ **专栏5.1　LOCE估算的假设、数据及方法**
>
> 数据处理首先将数据库中的投融资信息与电力投资项目承建企业信息匹配。匹配的关键词为项目名称、国家、所在地区、能源类型以及补充信息，其中项目名称最优先，其余主要作补充验证。
>
> 数据匹配的结果是投融资数据与电力项目承建企业数据均包含贷款额，且数额基本一致，但有些项目无贷款年限与利率等更详细信息。计算各东道国新建电厂的LCOE所需使用的项目投资额缺失较多，实际能够使用的合同投资金额信息较少。因此整体可计算条目较少。
>
> LCOE 计算方式：
>
> $$LCOE = \frac{\text{全生命周期成本现值}}{\text{全生命周期发电量现值}} \qquad （1）$$
>
> 本专栏参考 IRENA 的计算方法，结合 BU 数据库数据的

特点，对有数据的"一带一路"国家中资建设电站的 LCOE 进行估算。计算方法假定 $LCOE$ 使项目净现值为零，当净现值为零时，收入净现值等于成本净现值，即

$$\sum\nolimits_{n=1}^{N} \frac{Revenue_n}{(1+r)^n} = \sum\nolimits_{n=1}^{N} \frac{Cost_n}{(1+r)^n} \qquad (2)$$

（2）式中 N 为电厂运营年限，$Revenue_n$ 为第 n 年收入，$Cost_n$ 为第 n 年成本，r 为贴现率。

$$\sum\nolimits_{n=1}^{N} \frac{LCOE_n \times E_n}{(1+r)^n} = \sum\nolimits_{n=1}^{N} \frac{Cost_n}{(1+r)^n} \qquad (3)$$

（3）式中 E_n 为第 n 年发电量，$LCOE$ 计算可进一步表示为

$$LCOE = \sum\nolimits_{n=1}^{N} \frac{Cost_n}{(1+r)^n} \Big/ \sum\nolimits_{n=1}^{N} \frac{E_n}{(1+r)^n} \qquad (4)$$

$$LCOE = \left(Captial_{intial} + \sum\nolimits_{n=1}^{N} \frac{O_n + Loan_n + Fuel_n}{(1+r)^n} \right) \Big/$$
$$\sum\nolimits_{n=1}^{N} \frac{(Cap \times T \times (1-Own))_n}{(1+r)^n} \qquad (5)$$

（5）式左边，$Captial_{intial}$ 为初始自有资金投资（即拟定投资超过银行贷款的部分，若银行贷款高于拟定投资，记为零），O_n 为固定运营成本（每年为拟定投资的 5%），$Loan_n$ 为年还贷款额（采用等额本息方式还贷，贷款年利率定为 5%），$Fuel_n$ 为燃料费用，对于可再生能源类型的发电如风电、光伏发电，燃料成本为零；（5）式右边，Cap 为电站装机容量，T 为年发电小时数，Own 为电站自用电率（6%）。r 仍为贴现率（8%）。计算燃烧费用用到的煤炭价格为中国市场 2019 年

的数据，[①] 燃烧效率取自 2019 年全国电力工业统计数据。[②]
火电、核电、水电运营年份分别定为 30 年、40 年、50 年，利
用率分别为 80%、85%、50%。与 IRENA 的计算方法类似，
（5）式的计算方式适用于各个不同国家和发电方式之间的快
速比较。

---

① https://www.bp.com/en/global/corporate/energy-economics/.

② http://www.nea.gov.cn/2020-01/20/c_138720881.htm.

第六章
国家推动转型的政策和举措

6.1 国家促进电力低碳发展的政策

6.1.1 国际承诺

自 2020 年 9 月 22 日第七十五届联合国大会至 2021 年年中，习近平总书记共 8 次在重大国际会议和 5 次国内重要会议或考察中就"中国力争 2030 年前二氧化碳排放达到峰值、2060 年前实现碳中和"的国际承诺发表了一系列讲话。从中国最高决策层来看，加快向绿色发展方式和生活方式的转型，为实现《巴黎协定》的国际目标作出贡献，是中国可持续发展的方向，也是深思熟虑的战略决策。

在对外电力投融资领域，2021 年 9 月 21 日，国家主席习近平以视频方式参加第七十六届联合国大会一般性辩论并向世界承诺：将大力支持发展中国家能源绿色低碳发展，不再新建境外煤电项目。中国还向国际社会宣布将严控煤电项目，"十四五"时期严控煤炭消费增长，"十五五"时期逐步减少。这些国际承诺是充分了解我国电力体系目前以煤电为主，国内油气资源有限，电力体系转型面对巨大困难和成本，以及我国推动全球碳达峰、碳中和的责任基础上作出的决定，对我国电力投融资转型有深远的指导意义。

6.1.2　顶层设计

中国政府在国家层面先后发布了多项指导性意见或方针（见表 6.1），其内容总结起来就是对内构建低碳安全能源体系，实施可再生能源的替代行动，深化电力体制改革，构建以新能源为主体的新型电力体系，实施金融支持绿色低碳发展专项政策；对外参与全球能源治理，积极应对气候变化，在开拓全球可持续发展道路发挥应有的大国担当。这些步骤为我国落实碳达峰、碳中和目标陆续出台的政策保障作了顶层设计的铺垫，这个顶层设计的原则、框架和安全稳妥降碳的路线图就是 2021 年 10 月国务院发布的两份重要文件（国务院，2021）。

表6.1　　2020年以来中国国家层面低碳发展的指导性意见

日期	事件	内容
2020-12-16	中央经济工作会议	健全自然资源资产产权制度和法律法规，完善资源价格形成机制，建立健全绿色低碳循环发展的经济体系，统筹制定2030年前碳排放达峰行动方案。
2020-12-21	《新时代的中国能源发展》白皮书	在努力推动本国能源清洁低碳发展的同时，积极参与全球能源治理，与各国一道寻求加快推进全球能源可持续发展新道路。
2021-02-19	中央全面深化改革委员会第十八次会议	要构建清洁低碳安全高效的能源体系，控制化石能源总量，着力提高利用效能，实施可再生能源替代行动，深化电力体制改革，构建以新能源为主体的新型电力系统。
2021-03-05	《2021年国务院政府工作报告》	制定2030年前碳排放达峰行动方案。优化产业结构和能源结构推动煤炭清洁高效利用，大力发展新能源，在确保安全的前提下积极有序发展核电。扩大环境保护、节能节水等企业所得税优惠目录范围，促进新型节能环保技术、装备和产品研发应用，培育壮大节能环保产业，推动资源节约高效利用。加快建设全国用能权、碳排放权交易市场，完善能源消费双控制度。实施金融支持绿色低碳发展专项政策，设立碳减排支持工具。提升生态系统碳汇能力。

日期	事件	内容
2021-03-13	中华人民共和国国民经济和社会发展第十四个五年规划和2035年远景目标纲要	重点控制化石能源消费。实施以碳强度控制为主、碳排放总量控制为辅的制度，支持有条件的地方和重点行业、重点企业率先达到碳排放峰值。推动能源清洁低碳安全高效利用，深入推进工业、建筑、交通等领域低碳转型。

资料来源：国内主流财经网络、媒体。

2021年10月24日国务院印发了《中共中央　国务院关于完整准全面确贯彻新发展理念做好碳达峰碳中和工作的意见》，以及《2030年前碳达峰行动方案》（以下简称《方案》），明确要求强化顶层设计和各方统筹，充分发挥市场机制的作用，以保障国家能源安全和经济发展为底线，先立后破，稳妥有序，循序渐进推进碳达峰行动。《方案》提出了重要时间节点单位国内生产总值二氧化碳排放下降的指标，要求非化石能源消费比重2025年达到20%左右，2030年达到25%；风电、太阳能发电装机容量2030年达到12亿千瓦（1200吉瓦）。

6.1.3　各政府部门政策

除了中央和国家层面统筹各方的顶层设计和指导性方针，中国政府各部门及下属或下级机构也纷纷推出落实的具体办法和政策。2020年冬至2021年春，国家能源局、生态环境部、工业和信息化部、人民银行先后在各种公开场合表态将低碳可持续发展作为政策导向的主要目标，并陆续出台了相关的配套政策（见表6.2）。

表6.2 各政府部门低碳发展相关表态

日期	部门	事件	内容
2020年12月	生态环境部	中国环境记协第十一期环境茶座	提出地方达峰主要政策与行动，开展部门和行业达峰行动，部署低碳技术开发和项目投资，同时引导重点企业开展二氧化碳排放总量管理，加强重点企业碳排放信息披露。
2020年12月	国家能源局	全国能源工作会议	着力提高能源供给水平，加快风电光伏发展，稳步推进水电核电建设，大力提升新能源消纳和储存能力，深入推进煤炭清洁高效开发利用，进一步优化完善电网建设。
2020年12月	工业和信息化部	全国工业和信息化工作会议	实施工业低碳行动和绿色制造工程，坚决压缩粗钢产量，确保粗钢产量同比下降。
2021年1月	生态环境部	《关于统筹和加强应对气候变化与生态环境保护相关工作的指导意见》	鼓励能源、工业、交通、建筑等重点领域制定达峰专项方案。推动钢铁、建材、有色、化工、石化、电力、煤炭等重点行业提出明确的达峰目标并制定达峰行动方案。
2021年1月	生态环境部	2月例行新闻发布会	制定"十四五"空气质量全面改善行动计划等一系列专项规划：严格控制增量，落实产能置换要求；加强存量治理：坚持增气减煤同步、推动电代煤。
2021年2月	中国人民银行	绿色金融有关情况吹风会	研究修订《银行业存款类金融机构绿色金融业绩评价方案》，综合评价金融机构的绿色贷款、绿色债券等业务的开展情况，适度扩大使用场景。探索实施更多的货币政策工具，支持符合条件的金融机构以更加精准的、更低成本的方式，向低碳绿色项目提供支持。
2021年3月	国家能源局	国家能源局电力司负责人专访	建设新一代电力系统，不断提高电网和各类电源的综合利用效率，推动实现电力系统源网荷储的高效融合互动，全面适应大规模高比例新能源开发利用需求。

资料来源：国内主流财经网络、媒体。

从全球各国的经验来看，对低碳可持续发展的政策推进过程大致可分为三个阶段。首先，政府公开表态支持低碳目标，并有确切的实现时间点；其次，各政府相关部门出台实现这一目标的配套政策；最后，各执行监管部门出台可实施规范、执行标准和落实细则。目前我国同电力体系绿色转型相关的政策保障处于第二阶段和第三阶段之间。

当然，政策的发展和调整是个动态过程。如 2021 年 5 月国家发展和改革委员会印发《关于"十四五"时期深化价格体制改革行动方案的通知》，8 月发布《进一步完善分时电价机制的通知》。在随后出现的能源价格上涨、各地停电限电之后，国家发展和改革委员会发布《关于进一步深化燃煤发电上网电价市场化改革的通知》，加大了电力价格的市场化改革力度，扩大了电价上下浮动范围，同时明确遏制"两高"企业盲目发展，高能耗、高排放企业市场交易电价不受上浮的幅度限制。

6.2　金融业支持转型的举措

我国金融业支持绿色转型的举措包括金融供给侧改革，发展多层次资本市场，推行"竞争中性"原则，完善金融机构的激励机制，破除融资领域的所有制歧视等，近年来尤其重视民营、中小微企业融资和发展绿色金融。民营企业是我国市场经济的重要组成部分，在促进绿色转型、技术革新与产业升级方面发挥着重要作用，但民营企业的信贷资源获得性长期以来与其对我国经济产出、社会就业、科技创新的贡献度不匹配。相较于国有企业，民营企业信用风险高，固定资产抵押、信用担保欠缺，融资的规模小、成本高、结构单一，更加依赖短期贷款。

2019 年以来，人民银行会同有关部门，发挥央行、财政、监管、地方、金融机构积极性，"三箭"齐发解决民营企业和中小微企业融资难、融资贵的问题。第一支"箭"是银行信贷，通过加大信贷支持力度、定向降准、扩大普惠金融定向降准覆盖面、增加再贷款和再贴现额度、创设定向中期借贷便利（TMLF）等手段，为金融机构扩大对小微和民营企业信贷投向提供中长期稳定资金来源。第二支"箭"是市场发债，引导设立民营企业债券融资支持工具，坚持精准支持，为符合国家产业发展方向、主业相对集中于实体经济、技术先进、产品有市场但融资困难的民营企业提供发债增信支持。第三支"箭"是股权融资，按照市场化、法治化原则，研究支持民营企业股权融资政策措施。2021 年北京证券交易所宣布成立，旨在打造服务创新型中小企业的股权市场。

在这些政策支持下，同时改进商业银行内部绩效考核和尽职免责机制，合理运用金融科技手段，增强小微和民营企业金融服务的商业可持续性，我国民营企业信贷融资有所改善，但与其经济贡献仍不匹配。2020 年以来新冠肺炎疫情的冲击，影响了民营及中小微企业的经营、融资环境。贯彻"竞争中性"原则，建设多层次资本市场，改善社会融资结构仍然任重道远。

绿色金融包括绿色债券、绿色信贷等，在推动"一带一路"国家的能源转型，尤其是在疫情的大背景下，能够发挥重要作用。我国近年来也在完善相关政策体系，大力推进绿色金融发展。相关的举措包括修订《绿色债券支持项目目录》，删除高碳的化石能源相关条款，也包括大力发展绿色信贷市场。截至 2020 年底，中国本外币绿色贷款余额约 12 万亿元，存量规模居世界第一位；绿色债券存量约 8000 亿元，居世界第二位，为支持绿色低碳转型发挥了积极作用。[①]

此外，有关部门通过拓展"一带一路"绿色金融市场体系，建立国家间、金融机构间合作平台，为沿线各国企业绿色发展、绿色项目提供金融支持。2018 年 11 月，中英两国共同发布《"一带一路"绿色投资原则》，旨在指导"一带一路"国家的投资活动，其确定的七条原则也正逐步得到落实。在 2021 年 4 月的绿色金融研讨会上，有关各方成立"一带一路"银行间常态化合作机制（Belt and Road Bankers Roundtable），成员机构包括东方汇理银行、瑞典北欧斯安银行、星展银行、日本三井住友银行、中国工商银行等，就协同推动后疫情时代绿色复苏、加大绿色金融供给、推动绿色金融服务转型、支持"一带一路"经济社会可持续发展进一步达成了共识。

为了支持低碳转型，2021 年 11 月，中国人民银行创设推出碳减排支持融资这一结构性货币政策工具，向金融机构提供资金采取"先贷后借"的直达机制。金融机构自主决策、自担风险，在向重点行业发放碳减排贷款后，可向人民银行申请资金支持。人民银行按贷款本金的 60% 向金融机构提供资金支持，利率为 1.75%，期限 1 年，可展期 2 次。这一货币政策工具预计将推动绿色信贷的进一步发展。

6.3 主要金融机构的行动

通过企业调研发现，我国的主要对外投融资机构，如中国进

---

① 中国人民银行，http://www.pbc.gov.cn/goutongjiaoliu/113456/113469/4211212/index.html。

出口银行、中信保、丝路基金有限责任公司、丝元投资有限责任公司、中非产能合作基金、中拉产能合作基金等，对贯彻新发展理念，构建"绿色丝绸之路"，推动"一带一路"国家实现低碳、绿色、可持续发展有很深刻的认识。在国家、相关政府部门和监管机构出台周详的规章和实施细则之前，各主要金融机构已经加强研究绿色投融资转型的国内外环境、风险、困难、机遇和途径，许多机构已开始结合本机构的实际情况，调整发展战略和经营策略。

如果将金融机构绿色投融资转型的过程分成若干阶段，在第一阶段，相关机构充分认识绿色转型的重要性，调研企业内外市场、监管环境和资产质量的变化，为绿色转型作准备。在第二阶段，这些机构逐渐发展结合自身实际的绿色转型战略，并且在执行层面开始探索实施。在第三阶段，相关机构已经形成成熟的绿色转型战略，并且付诸实施。从调研和了解的大型金融机构情况来看，大部分中资海外投融资机构处于第二阶段和第三阶段之间。

在国家领导人正式宣布不在境外新建煤电项目之前，这些机构已经对高排放、高能耗电力项目采取了严苛的审查和严格的限制，有的机构实际早已停止使用官方资金支持海外煤电项目，并加快产品和投融资方式的创新，大力支持新能源电力项目。丝路基金有限责任公司（以下简称丝路基金）和中信保近年来的行动就是很好的例子。

丝路基金成立于 2014 年，由国家外汇储备、中国投资有限责任公司、国家开发银行、中国进出口银行共同出资建立，致力于为"一带一路"倡议框架内的经贸合作和双边多边互联互通提供投融资支持。作为长期投资者，丝路基金重视气候变化相关风险，2015 年以来支持绿色清洁能源直接投资项目 6 个，涉及 9 个国家的 21 个电站资产，涵盖水电、风电、固废焚烧发电、光伏发电、光热发电，总装机容量超过 4800 兆瓦。同时，丝路基金通过投资新能源及气候变化主题基金进一步扩大绿色投资覆盖范围。截至 2021 年 11 月，丝路基金在绿色可持续领域的投资合计 18.24 亿美元（约合 25 亿元人民币）。丝路基金仅有的一项煤电资产来自基金成立初期，该项目可加强东道国能源安全，通过对煤炭质量的把关、超超临界燃烧技术、循环海水烟道气脱硫装置，该电站可以满足最严格的国际环保标准。

丝路基金的重要创新是推出"新能源平台"。新能源电力项目往往体量小，呈"散、碎、杂、短"的特点。同有抵押或担保的债权融资不同，股权投资的风险要高得多，需要考虑项目的全生命周期，考虑财务可持续性和项目整体风险，要求业主具备在发展中东道国经营管理项目的能力。只有坚持走国际化、专业化的道路，坚持创新才能有效地应对这些挑战。新能源平台通过不同参与企业、机构对当地法律、文化、风险、经营等方面的专业化服务，解决新能源项目"散、碎、杂、短"特点给投资机构带来的风险管控问题。

丝路基金于 2018 年 12 月与沙特阿拉伯国际电力与水务公司（ACWA）合作，投资 ACWA 旗下新能源业务的一揽子交易，入股 ACWA Power Renewable Energy Holding Ltd（即新能源平台）。丝路基金成为该平台公司持股 49% 的股东。新能源平台专注于投资开发新兴市场国家的新能源电站，目前已在南非、摩洛哥、阿联酋、约旦和埃及 5 个国家注入资产并均已投入运营，涉及风能、太阳能、光热等多种新能源技术。另外，丝路基金于 2018 年 4 月投资了阿联酋迪拜光热项目（950 兆瓦光热 + 光伏发电）。这是全球装机容量最大的光热项目，总投资超过 40 亿美元。丝路基金以股权方式投资，与迪拜水电局（DEWA）、ACWA 共同作为股东方，促进"一带一路"建设与阿联酋"综合能源战略 2030"发展规划有效对接。

新能源平台获得有关国家政府的高度认可。国家主席习近平在 2018 年对阿联酋进行国事访问前夕，发表了题为《携手前行，共创未来》的署名文章，将该项目作为中阿双方在高新领域合作的典型案例之一，并在 7 月访问期间见证了丝路基金与 ACWA 签订投资协议。2019 年，国务院副总理韩正和沙特阿拉伯王国王储兼副首相穆罕默德·本·萨勒曼·阿勒沙特共同见证了新能源平台项目投资谅解备忘录的签署。

新能源平台产生了很好的发展和环保效益。该平台已注入资产加上迪拜光热项目在完全投入运营后的发电能力，可为南非、约旦、埃及、摩洛哥、阿联酋在内的 5 个发展中国家的超过 106 万户家庭供电，其中仅迪拜光热项目即可为 32 万户家庭供电，为当地社会经济的发展提供了有效的绿色能源支撑。对标当地的电力结构平均排放标准，新能源平台已注入资产加上迪拜光热项目每年可实现二氧化碳减排约 350 万吨，在项目运营期内可减少二氧化碳排放约 1.1 亿吨，其中仅阿联酋水电局光热发电（CSP）项目每年可减排二氧化碳约 240 万吨，总减排约为 8400 万吨。丝路基金的相关投资为所在区域的环境改善、绿色能源的普及与发展作出了较大贡献。

新能源平台的经济效益良好。迪拜光热项目度电成本降至 7

美分，光热电站和平台下的资产均已签署长期购电协议，可以带来较为稳定的现金流和投资回报；在新冠肺炎疫情对全球经济造成较大冲击的背景下，新能源平台相关资产受到的影响较小，整体体现出了抵御经济周期波动的较强韧性。

中信保是我国的官方出口信用机构，在支持我国企业"走出去"，包括机电设备出口和国际工程承包，以及"一带一路"倡议的落实方面都发挥了非常重要的作用。中信保的业务的核心是为出口和对外投资提供风险保障，为企业提供全方位的风险管理服务，包括风险识别、风险预警、风险管理和风险补偿。中信保充分调研了国际同业机构的做法，国际同业的绿色转型战略可以分为脱碳和促绿两个部分。

在降低海外业务碳排放（脱碳）方面，中信保前期的工作首先聚焦海外绿色投融资转型的环境、所支持目标国的资源禀赋约束和风险，进行了非常深入的研究，充分注重项目的碳风险测算，作为未来业务评估、风险判断的依据。中信保研究团队对脱碳模式的分析认为，国际同业机构正在尝试的三种脱碳转型模式可供借鉴。第一种是化石燃料行业全覆盖，结合东道国项目所在地能源结构，找到合适的方式支持其能源转型。这方面的例子有法国国家投资银行（BPI），设计分阶段的禁投类型。第二种模式是针对具体的领域，明确例外情况。例如，德国的官方出口信用机构2020年7月出台的脱碳政策，聚焦燃煤、石油生产两个领域。明确统一的例外条件，即不支持所有新建扩建的煤电项目，但是在不造成煤电装机容量扩大的前提下，支持现有燃煤电站的现代化改造。第三种模式是加拿大官方出口信用机构（EDC）的做法，针对特定行业设定量化的短期脱碳目标，在实践中根据中长期目标进行动态的研究和更新。对接受安装碳捕捉、碳储藏技术的，或者采取同等减排效果措施的项目，可以当成例外，继续支持。

在促绿方面，中信保团队的设想是创新产品、服务、激励机制，以及差异化优惠支持双管齐下的办法。"创新产品 + 服务 + 激励机制"的办法就是通过设计、创新产品和服务、改革承保激励机制等实现对绿色业务的支持。从信用保险国际同业机构的做法来看，常用的激励机制有：提高赔偿比例，例如，普通贷款的偿付比例是 90% 或者 95%，对符合条件的绿色项目可提高到 97.5%；也可以提高对外国成分和当地费用的支持力度；另外还可以灵活运用本国成分支持相应的新能源业务。差异化优惠支持就是建立绿色标准，对应不同程度的出口信用保险优惠政策。例如，荷兰的官方出口信用机构对不同程度的减碳项目设定了深绿、中绿、浅绿不同等级，体现在绿色清单（11 个大类、36 个中类）。深绿的标准是符合低碳的和气候韧性长期愿景；中绿的标准是采取了措施应对气候变化和影响，符合长期减排愿景；浅绿的标准是过渡性的交易和项目，也会给予一定的支持。

目前中信保正在积极推进绿色金融建设，通过创新产品服务、提供差异化的政策支持措施、强化全流程环境和政策风险管理，为"一带一路"沿线贸易和投资绿色转型发展提供有力支撑。一是不断完善承保政策。逐步探索将公司年度业务承保政策升级为业务（绿色）承保政策，实现动态调整，将绿色贸易、绿色投融资业务作为公司承保支持的重点方向，研究通过提供优惠费率、放宽承保条件等方面的支持措施，大力支持绿色低碳循环业务发展，推进业务结构绿色调整和转型。对于存在较高环境和社会风险且无相关抵减措施的项目，不提供信用保险支持，持续提升环境和社会风险评估在业务决策中的重要性。二是聚焦全流程风险管理。与时俱进，完善环境风险评审指引，将环境和社会风险作为项目风险评估的重要内容。在项目业务尽职调查、承保评审及保后管理等各环节，加强对项目环境和社会风险因素的识别、控制与缓释。

除了丝路基金和中信保，国内的商业银行和股份制金融机构也采取了相应的调整措施。中国银行制定了《中国银行服务"碳达峰、碳中和"目标行动计划》，明确从 2021 年第四季度开始，除已签约项目外，不再向境外的新建煤炭开采和新建煤电项目提供融资。中国银行还加大对减排技术升级改造、化石能源清洁高效利用、煤电灵活性改造等绿色项目的授信支持。国家开发投资集团完全退出煤炭业务。中国平安保险（集团）股份有限公司2020 年 9 月发布《煤炭行业客户业务声明》，提出 2030 年煤炭投资比率降低 30%，对煤炭行业客户实行严格的承保限制。

第七章
向海外电力投融资可持续转型

7.1　转型的国情、风险及成本

受疫情影响，2020 年世界经济萎缩，发达和发展中国家整体均陷入深度衰退，我国是唯一保持经济正增长的大国。据英国石油公司的世界能源统计，2020 年全球一次能源消费下降 4.5%，碳排放下降 6.3%，后者降至 2011 年以来最低水平。约 3/4 的全球一次能源消费下降来自石油，天然气和燃煤消费也明显下降，但可再生能源电力需求和使用上升。美国、印度、俄罗斯是一次能源消费下降最大的国家，而我国对太阳能风能等新能源电力新增供给的贡献最大。[①]

世界经济在按下"暂停键"后随着疫苗的接种部分重启。能源需求强劲反弹，从 2021 年第二季度开始全球能源价格持续大幅上扬，至 2021 年 10 月，天然气、煤炭、电力价格已升至数十年来的最高水平。能源市场的变化，年初美国得克萨斯州停电、我国下半年发生的局部地区停电限电，以及全球碳排放预计的大幅回升有多重原因，包括短期和中长期、周期和结构性因素的驱动，对电力行业的绿色转型也有重要的启示。

新冠肺炎疫情对绿色低碳生产和生活方式转型的"压力测试"至少表明：

---

① BP（2021）.

●人类社会向绿色低碳的转型难度很大。现代经济活动对化石能源的依赖由来已久，减少这种依赖并非一朝一夕。在 2021 年 11 月的联合国 COP26 大会上，各国都表达了减少温室气体包括甲烷排放，控制全球气候变暖的决心，但真正落实困难重重。

●在降低碳排放中提高能源效率非常重要。减少对化石能源的依赖不能仅靠可再生能源替代，还必须提高单位能源所带来的经济效益，调节控制能源需求，以市场化的方式抑制高能耗高排放行业企业，以更精准的能效政策和标准减少电力浪费。

●新能源带来新的风险，能源构成的变化增加对气候变化风险的敏感性。不掌握好"去碳化"的节奏，过快减少或过早停止化石能源的资本性支出有可能推高经济社会的"去碳化"成本。美国得克萨斯州停电、欧洲能源短缺、我国的局部停电限电都有极端天气影响新能源供电稳定性的因素。为实现"双碳"而降低化石能源发电比重，新能源电力因间歇性很难同步增加、及时到位。由此造成的能源、电力短缺带来了经济滞胀的风险。

●每个国家绿色低碳转型的挑战都不一样。气候变化无国界，减排成本有国别。对外投融资与国内转型紧密相连，国情决定转型的风险和成本。

我国人均碳排放远低于发达国家，但由于我国人口多、经济总量大，目前年度碳排放在全球的占比最高（见 2.1 节）。我国的工业化接近尾声，工业中重化工部分占比较大，城镇化还在继续，碳排放总量还未达峰；美国、欧盟、日本等发达经济体早已进入后工业化社会，早已实现碳达峰。我国的产业结构决定了实现碳净零排放的难度远超过发达国家和部分新兴市场国家。我国的资源禀赋为缺油少气，原油对外依存度很高，煤炭资源相对丰富；电力体系中煤电的比重很高，煤炭相关行业产能较大。虽然新能源电力在我国发展很快，但由于解决供电间歇性难题在科技和规模化应用经济性方面的制约（见 5.3 节）、替代煤电等化石能源电力将是个渐进的过程，经过升级改造的清洁煤电仍有可能在较长时期发挥电网稳定调峰主力电源的作用。

我国电力绿色转型的风险比发达国家高，经济成本也更大。我国的电力供给主要靠碳排放系数较高的煤电。发达国家电力体系中煤电占比很小，即使对化石能源电力依赖较高的美国，也主要是依赖碳排放系数相对较低的天然气发电。资源禀赋和能源结构决定了中国绿色转型的经济成本大于美国，中国、美国又大于欧盟国家。以天然气替代燃煤供电供热是我国的低碳转型的现实，2020 年疫情冲击下我国一次能源[①]消费增加 1.7%，其中石油和燃煤消费增长 1.6% 和 0.7%，但天然气消费增长近 7%（BP，2021）。我国油气资源对国际市场的依存度增加了转型的风险。此外，发展阶段不同，产业结构不同，对增长、就业、财政、社会稳定的影响及相关风险也不同。考虑到我国的人口和经济增长等因素，我国向净零排放过渡的经济成本大于发达国家，甚至大于部分新兴市场国家（Jaumotte，F. et al.，2021）。

7.2　企业创新推动转型

我国电力企业已经在解决煤电产业链过剩产能，抓住绿色低碳发展的内外商机，开拓海外新能源市场，转变投融资模式，延

---

① "一次能源"指天然能源，如煤炭、石油、天然气；"二次能源"指经过人为加工、转化的能源形态，如电力、汽油、沼气。

伸产业链，提升价值链等方面大胆探索，相关企业不乏创新转型的例子（金融机构的例子见第6.3节）。

上海电气集团（以下简称上海电气）是我国最重要的发电设备制造商之一，拥有我国第一套百万千瓦等级超超临界火电机组，火力发电设备产量早已居世界前位。上海电气很早就开始密切关注新能源产业的发展，在新能源产业布局。上海电气的智慧能源板块包括2006年成立的风电股份有限公司，上海电气输配电公司专业研发、设计、制造输配电产品和控制设备。上海电气还在海水淡化、水处理等与主营业务有关联可发展的行业进行布局，集团的中央研究院也较早关注、研究碳捕集、利用、封存技术。上海电气新能源订单规模已远大于煤电项目订单，在2019年"全球新能源企业500强"榜单中列第66位。

国家电力投资集团（以下简称国家电投）是我国五大发电集团之一，也是全球最大的光伏发电企业。近年来国家电投加快调整投资布局，加大对新能源的投资力度，其"2035一流战略"将光伏产业定位为核心产业，谋划了"全面引领光伏发电产业，率先实现世界一流"的战略愿景。截至2020年底，国家电投清洁能源装机总容量达到99吉瓦，占集团电力总装机容量的近57%，其中风电、光伏新能源装机达到60吉瓦，跃居世界新能源发电企业前列。

中国能源建设集团广东省电力设计研究院有限公司（以下简称广东院）在产业链的工程设计、建设环节开辟新领域新市场进行了卓有成效的探索。火电是广东院的传统业务，该院的越南火电项目因助力中国设备"走出去"得到国务院总理的赞扬。[①]近

----

① 参见 www.baike.baidu.com/item/ 中国能源建设集团广东省电力设计研究院有限公司 #3。

年来，该院的"园区智慧能源示范项目"和投资—建设—经营一体化的"开平模式"就是贯彻绿色发展理念、解决过剩产能、提高企业竞争力很好的案例。

"园区智慧能源示范项目"旨在实现能源管理精细化、信息化。该项目集数据采集、远程监控、大数据分析、远程诊断等功能为一体，实现园区配用电监测、智能终端设备监控、能效管理、新能源监控、光伏及储能协调优化调度，园区内分布式电源、配电网、多元化负荷等资源的优化利用。项目建设包括屋面光伏、风电等新能源发电；智能空调、智能照明、智能插座等提升楼宇用电体验；试点建设储能系统和能量管理系统。项目建设的成果包括含光伏发电、风电、储能站、充电桩、配电监测、楼宇智能用电等多元素需求侧的能源物联网；需求侧的多能融合的能效管理和优化调度。

通过这个示范项目，建立清洁能源发电、用电闭环。从"源"（光伏发电、风电等清洁能源）、"网"（能源优化调度与梯级利用）、"荷"（用能设备节能改造与用能精细管理，降低能耗水平）、"储"（储能配置提高供能可靠性与用能效益）四个方面改变传统电力的发输配用模式，达到低碳高效的目的。类似的探索有助于补足可再生能源的短板，使可再生能源替代传统化石能源电力成为可能。

在"开平模式"下，广东院通过开平市明村污水处理系统PPP项目开辟国内振兴乡村、绿色发展这一广阔市场，在该项目第一阶段工程实现了从传统工程承包（EPC）到设计、采购、施工和运营维护（EPC+O&M）模式的转变，提高了企业在工程承包市场的竞争力，并取得了良好的经济和社会效益。此后，广东院团队再接再厉，中标第二阶段工程，采用 EPC+O（3 年运营）的模式。

龙源电力集团股份有限公司（以下简称龙源电力）是国家能源集团旗下我国最早开发风电的专业化公司，2009 年在香港主板成功上市，被誉为"中国新能源第一股"。龙源电力 2016 年在原海外业务部基础上成立海外投资有限公司，其业务反映了中国电力企业从原来的投资带动工程建设（F+EPC）向更国际化市场化的投融资模式转变。龙源电力海外投融资比较典型的三种模式如下。

多家外资银行贷款 + 海外项目债券发行。以加拿大德芙琳风电项目为例，项目建设期贷款采用内保外贷方式，贷款金额为 2.4 亿加拿大元和 2500 万美元，分别来自工商银行（加拿大）、中国银行（加拿大）、国家开发银行香港分行、中国银行香港分行和美国花旗银行。德芙琳项目投产后，根据北美惯例，为规避运营风险，通过发行项目债方式置换建设期贷款，释放母公司银行信用额度。2015 年 10 月，中国首个海外风电项目债券——龙源加拿大德芙琳项目债券成功定价发行。债券发行金额为 2 亿加拿大元（约合人民币 9.4 亿元），期限为 18 年，固定票面利率为 4.317%，为加拿大当时同期限风电债券中最低利率。

东道国本地银行无追索项目融资。以南非德阿风电项目为例，项目总投资中资本金占比为 25%，另外 75% 的资金需要贷款。该项目融资方案经过多次调整，最终采用南非商业银行莱利银行（Nedbank）和政策性银行南非工业发展公司（IDC）组团提供的无追索项目融资的模式。南非项目的无追索项目融资模式有四大亮点。其一，还款时间长，有效减轻了项目投产后自身的现金流压力，增加了各股东在项目初期的分红。其二，贷款与收入结算币种匹配，通过"借兰特、收兰特、还兰特"的方式彻底解决了项目公司可能产生的汇兑损失。其三，采用利率掉期的方式有效地规避了因南非利率波动剧烈而产生的项目收益率不固定的难题，为融资关闭提供了必要条件。其四，通过项目所在国自主融资的方式，减轻了集团的担保风险、资金负担。

中资银行长期项目融资。龙源电力就乌克兰尤日内项目立项股权收购、设备采购以及工程建设中的资金需求，积极与多家中资金融机构对接，并从中选取方案成熟、成本可控、合作意向较强的几家国有大型商业银行开展竞争性报价谈判，争取有利于公司的融资结构。最终的融资模式是由某国有商业银行总行牵头，组织其中国香港、欧洲分支机构共同参与，提供包括欧元过桥贷款、保函以及欧元项目贷款在内的全部融资解决方案，既满足了公司项目全周期资金需求，又实现了成本压降提质增效的目标。

7.3　转型与民企融资难题

课题组的企业调研印证相关数据：我国海外传统电力和新能源电力投融资模式存在明显区别，民营企业在新能源电力技术创新、设备制造和海外市场拓展中发挥关键作用，但民营新能源企业面临融资难、融资贵问题。推动海外电力投融资的绿色转型因此必须有针对性地解决新能源领域民营企业的融资难题。

传统电力项目与新能源电力项目在股权投资、信贷融资、担保及保险方面的区别。首先看股权投资：传统电力项目单项投资额大（根据2013—2020年数据估算，煤电平均单项股权投资2.3亿美元），大多由实力雄厚的中央企业或地方能源国有企业投资、参股成立项目公司，为国产设备出口，以及集团或相关的 EPC 承包工程创造条件。新能源电力单项投资额较小（光伏电站平均单项股权投资 0.8 亿美元，风电站平均单项股权投资 0.2 亿美元）。[①] 民营设备制造商的海外项目开发其实也是产品市场拓展，通过项目投资带动设备销售和工程承包。光伏行业的龙头企业如晶科、协鑫等也是光伏电站建设的重要投资商。风机制造企业和资金充裕的大型国有企业合作开发国内外市场，最典型的例子是长江三峡集团投资当项目股东，新疆金风科技股份有限公司提供产品和设备。

传统电力项目的资金投入主要靠信贷融资，本书收集的 54 个煤电项目的平均股债比［股权 /（股权 + 债权）］约为 30%，水电更低，只有 5%。相比之下，73 个光伏电站项目的平均股债比超过 70%，46 个风电项目的股债比接近 50%。也就是说，海外新能源项目主要靠股东出资，而不是银行贷款。考虑到海外新能源项目中民营企业居多，民营企业的海外电力项目尤其是光伏电站和风电项目使用境外资金远超国内资金（见第 3.1.3 节），海外新能源项目很难获得国内银行的中长期贷款是个不争的事实。

企业调研印证，为了做成海外新能源项目，民营设备制造商和工程承包商除了投资项目股权，往往通过股东贷款、承包商短融等办法在项目建设期垫资，项目建成运营、风险降低后再通过市场发债融资。民营企业投资的海外新能源项目若能得到银行贷款，也是基于项目资产和收入的无追索贷款。与此形成对比的是传统电力项目得到的是国内银行根据借款方和担保方（大型中央

---

① 我国海外光伏电站投资以绿地投资为主，风电站投资则更多的是并购。

企业或地方国有企业）的信用发放的贷款，当项目出现违约时，贷款方（银行）对项目发起人有追索权。

传统电力与新能源电力海外项目信贷融资巨大差别的原因。主要与这两类项目的风险、担保与保险有关。传统电力项目规模大、工期长，建设期完工风险突出，通过官方或国有机构的协调，过去在中低收入国家较易得到长期购电协议（PPA）及东道国政府对 PPA 或项目信贷融资的主权担保，因此较易得到中信保的支持，为国内银行中长期贷款铺路。新能源电力项目规模小，供电有间歇性，上网风险（建成后无法售电）高，较难获得东道国政府的担保及国内机构的担保、保险，国内银行贷款难度大、意愿低。

以上的分析表明，传统电力项目的融资模式实质是基于项目股东及主承包商企业信用，具有官方或国有资本参与特色的"公司融资"，即政府或官方机构协调，甚至出资、担保，国有银行提供中长期贷款给不缺抵押资产的大型中央企业或地方国有企业。而新能源电力项目的融资模式更接近国际同业市场通行的"项目融资"或"混合融资"，但目前情况下开发项目的民营设备制造商和工程承包商往往寻求短期信贷并承担相关风险。

我国民营企业扣除资金成本的股东权益报酬率很低。OECD 2018 年发布的题为《全球贸易、投资、融资背景下的中国"一带一路"倡议》报告比较了中国和发达国家及新兴市场国家国有和非国有（民营）企业的资本使用效率。该报告收集了中国、发达国家、新兴市场国家 2002—2017 年国有与民营非金融企业的股东权益回报率（ROE）和资金成本（COK），并计算减去资金成本的净股东权益报酬率（ROE-COK）。OECD 报告指出，中国民营企业的净股东权益报酬率在跨国比较中"垫底",低于中国的国有企业,更低于发达国家民营企业。

我国民营企业股东权益报酬率低的原因是高资金成本。国内的相关统计和企业数据表明我国非金融民营企业的亏损企业占比、债务 / 利润比率、资产收益率(ROA)指标都好于国有企业。如 2015—2018 年,国有企业的亏损企业占比是民营企业的 2 倍(国有企业超过 25%,民营企业则低于 13%)。以资产收益率来衡量盈利水平,民营企业明显优于国有企业,2016—2019 年民营企业资产收益率平均比国有企业高 3% 以上(详见附录三)。

民营企业融资成本高且获得信贷难。有研究基于至 2018 年的数据估算出民营企业发债借款要比国有企业同等期限的债券利率高 150~200 个基点,即使将债券种类、交易年头、所在行业,企业的利润、杠杆、规模等财务因素都考虑进去,我国民营企业的借贷成本仍然比国有企业高 100 个基点以上。[①]

为什么我国民营企业资金或融资成本高?调研发现在新能源电力领域,除了光伏与风力发电的间歇性引起的上网难等风险,还有以下几个与这一行业民营企业有关的原因。

第一,新能源电力发展初期的上网电价补贴拖欠。有关部门为鼓励新能源电力发展曾出台差价补贴机制,补贴资金来自电价附加。在补贴的激励下,我国新能源电力快速发展,并网太阳能发电装机提前三年、风电发电装机提前一年完成 "十三五" 规划目标,所需补贴资金骤增。然而,电价相对固定,不反映市场和发电成本的变化,国内售电量增长远低于补贴资金需求的增

---

① Jahan,et al. (2019),Zhang and Wu (2019).

长，由此造成新能源电价补贴拖欠缺口越来越大。[①] 企业调研表明，新能源发电项目的电价补贴占新能源电力企业营业收入的40%~70%，补贴拖欠导致大部分新能源企业账面盈利，但应收账款在总资产中的占比不断上升，经营现金流非常紧张。为了资金链不断裂，这些企业不得不大量借贷来还本付息，维持运营。由此带来企业负债率持续攀升。

第二，民营企业负债率高。高负债率不仅影响新能源企业的信用评级，也影响资本市场投资者对新能源企业的信心。企业估值难以修复，股权融资功能大为削弱。财务的捉襟见肘还造成"三角债"，新能源投资运营商拖欠设备制造商，设备制造商拖欠零部件供应商。这些状况都推高新能源电力企业的资金成本。

第三，民营企业缺少担保或抵押。同国有企业相比，民营企业普遍缺乏可供贷款抵押的固定资产或不动产，也缺乏实力雄厚的集团公司或地方政府、企业集团提供的信用担保。从风险管控、责任追究的角度，国有金融机构更愿意贷款给国有企业，很重要也是由于现行国有资本体系隐性担保的存在。

第四，国有企业隐性担保的影响。隐性担保等结构性因素导致我国信贷资金更多地偏向国有企业。按 2018—2019 年的统计数据，国有企业占用国内信贷资源的 40%，但只提供了工业销售的27%，城镇就业的 13%。上述分析表明新能源民营企业很难依据自身信用以传统的"公司融资"模式拓展海外电力项目。

2020 年初暴发的新冠肺炎疫情凸显了许多中低收入国家过去累积的对外债务风险，国际社会发起的"暂停偿债倡议"（DSSI）

[①] 据中电联（2020），截至 2019 年底国网、南网、蒙网纳入补贴目录和未纳入目录的拖欠金额合计 3273 亿元（不含税）。

并未从根本上解决相当部分国家债务不可持续的问题。此外，我国已正式宣布不再新建海外煤电项目。在许多中低收入国家无法提供有效主权担保、我国煤电退出海外市场的背景下，我国海外电力投融资的绿色转型要求发挥我国新能源产业优势，支持民营企业拓展海外市场，要求海外电力项目的投融资从官方参与的公司融资模式向市场化程度更高的项目融资或混合融资模式转变，其实质就是解决我国民营企业的融资难和融资成本高的问题。

7.4 若干建议

1. 有序退出海外化石能源电力市场

我国政府已于 2021 年 9 月宣布不再新建境外煤电项目。煤电政策的调整无疑适用于政府部门和官方支持的金融机构。国有大型商业银行是海外电力投融资的重大参与方，应该完全褪去官方色彩，由董事会按商业原则明确海外煤电限制政策。其他保险公司、投资基金等也应按市场化原则作出相应决策并增加信息披露。

海外煤电市场的退出涉及在建、在融资，或已投入前期开发费用的项目，因此不能"一刀切"，需平衡特定国家的经济和环保利益，依法妥善处理，尽量减少东道国和我国企业的损失。鉴于煤电机组仍有可能较长期在煤电为主的国家电力体系中承担调峰、稳定或"压舱石"的作用，在中低收入国家，目前无经济可行的可替代非化石能源，使用满足碳减排要求的碳捕集和碳贮藏技术，煤电减排升级改造值得支持。

有关部门应研究海外其他化石能源（石油、天然气、油页岩等）电力投融资政策调整的必要性和时机。可考虑对天然气与燃油、重油、油页岩电厂区别对待。后者排放因子较高，且在海外电力投融资的比例很低，可较早宣布限制政策。

有关机构和企业应预防海外煤电资产搁浅及制定处置方案。在对现有海外煤电相关资产中长期风险和回报的再评估中注意气候变化带来的转型风险和物理风险，对资产按搁浅风险排序，风险较高的要采取预防措施，提前制定资产处置方案。

2. 积极应对新能源替代化石能源转型期的风险

气候变化的风险真实存在，而且有加剧的趋势。这些风险将在实现"双碳"目标的转型期长期存在。可再生能源或新能源电力替代化石能源电力的进程不会一帆风顺，能源构成的变化增加对气候变化风险的敏感性，从化石能源集中发电到新能源的较分散发电也对电网和需求管理带来了挑战。解决可再生能源发电不稳定、供电韧性差的缺陷需要储能、电网、可再生能源与其他能源综合互补等技术创新突破，后者又受大规模应用经济可行性及关键矿产资源稀缺的约束。考虑到我国资源禀赋和现有电力体系的特点，供电供热煤改气也受天然气国际市场的约束。总之，由于新能源的间歇性和替代化石能源的全成本（见第 5.3 节），过快退出化石能源有可能使经济社会为实现"双碳"目标付出更高的代价。

要高度重视和积极应对转型期的风险，尤其是从现在到 2030 年的关键时期。为了保持电力体系的安全稳定，在淘汰落后煤电的同时，要重视煤电机组的减排和灵活性改造，应用清洁燃煤、碳捕集等技术，同时提高煤电产能利用率，发挥煤电稳定调峰作用，提高电网吸纳新能源电力的比例。水电、核电不是本书研究的重点，水电也是可再生能源，二者已是我国电力体系的重要组成部分。同小型经济体不同，水电和使用先进安全技术的核电应该在我国电力能源转型期发挥稳定、调节的作用。

加快我国电力现货市场的改革也是应对新能源发电不稳定很重要的举措。我国新能源发电较集中在"三北"地区，电力需求则集中在东南沿海，打通跨省、跨区域电力供需市场，降低跨行政区域电力现货交易成本，不仅能让电价真正反映大市场的供求，还可以减少局部地区供需冲击引起的市场波动，提高我国电网吸纳新能源电力的能力，提升新能源在全国电力供给中的比例。电力现货市场的发展也为电力期货将来在广州期货交易所上市创造条件。

我国环境多样，东西、南北地理条件差异很大，局部地区出现气候相关灾害的可能性、极端天气的异常程度不容低估。在推进电力行业减少碳排放、提升可再生能源发电比重的过程中，需要注意小概率事件，及早采取措施，改进电网和电力需求管理，保证电力系统安稳运行。负责制定、修改法规、制度的有关部门以及市场监管部门要有宏观、长期视野，及时通过制度性举措，提高系统性韧性标准（如提高发电企业产能备用率，传统能源生产能力包括煤炭开采保有足够的冗余等），为企业、个体提供应对极端气候变化的有效激励，增强全体系抗风险能力。应对极端气候风险还可酌情考虑建立或增加战略性能源储备（见附录一）。

3. 以市场化手段化解传统电力产业的过剩产能问题

停止海外新建煤电项目，从"十四五"时期的严控到"十五五"时期减少国内煤炭消费等政策都会加重国内传统电力产业链的产能过剩。解决过剩产能涉及人员的就业、民生和社会稳定，可以说是电力绿色转型必须面对，也最现实、最棘手的问题之一。

2021年我国局部地区停电限电时，有关部门提高电价上浮幅度，对高能耗、高排放用户不设上浮限制，就是以市场化手段解决电力供求不平衡、为减碳提供市场激励的例子。

电力企业转型应该抓住绿色低碳发展带来的商机。这不仅适用于电力装备制造业，而且包括设计、建设、运营等企业。例如，中国能源建设集团的广东电力设计研究院有限公司在广东省开平市乡村污水处理系统PPP项目实行投资—建设—经营一体化模式，对接国家乡村振兴战略，打开了新的市场，延伸了企业价值链，取得了良好的经济和社会效益。这样的经验在电力产业链的每个环节都值得总结，以推动行业转型，将转型成本降至最低。

我国民营新能源企业发展较快，尤其在光伏领域有全产业链的优势，也有较大的产能。面对海外市场主要是发达国家的贸易保护主义，可鼓励国内新能源企业上中下游协同，全产业链"走出去"，通过对外直接投资克服部分海外市场以"双反"（反倾销、反补贴）为名建立的保护主义障碍。

4. 加大支持新能源替代煤电相关技术创新的力度

我国企业在光伏发电和陆上风电的设备制造、人才、技术等方面都有很强的国际竞争力，但海上风电和光热发电的某些核心零部件尚未国产化，技术研发与国际先进水平还有差距，技术差距意味着成本劣势。新能源电力的间歇性造成电力消纳困难，是可再生能源（主要是新能源）替代化石能源的瓶颈。解决这一瓶颈需要储能技术、智慧电网、分散发电上网，乃至氢能、煤化工、不同类型能源综合互补等方面的科技突破。我国的特定国情也要求加快碳捕集、利用、封存技术的研发和商业化应用，促进煤电的清洁和灵活性改造。

实现我国碳达峰、碳中和战略决策需要走出一条适合我国资源禀赋、发展道路的技术路径。在 2021 年的联合国 COP26 大会上四十余国承诺 2030 年淘汰煤电，并推动其他国家 2040 年完全退出煤电。作为煤电大国，中国要变国际压力为动力，加大对改造、替代煤电相关技术研发的投入。政策支持需要与市场激励配合，除了应用技术，还要资助关键领域的基础研究，推动产、学、研结合。中国在储能、碳捕集、氢能、新能源与其他能源综合互补等关键技术领域与发达国家仍有差距，要充分利用《中美关于在 21 世纪 20 年代强化气候行动的格拉斯哥联合宣言》带来的契机，增加与发达国家同行的科技交流。

应对气候变化的技术创新具有部分公共产品的性质，节能减排技术的跨境转移和应用也有较好的经济和环境外部效应，应当受到国际社会、公共部门的支持和鼓励。[1]支持研发、促进转型，首先要用好补贴。有关部门为支持新能源电力的发展曾出台上网电价的差价补贴。2021 年，随着电力现货市场的改革，新能源装机的补贴已经退出。这些年新能源补贴的运用有经验，也有教训，值得认真总结。今后为激励碳达峰、碳中和，公共资金的支持应该集中在科技研发领域，不针对特定行业企业，而且应公开透明，与 WTO 等有关国际规则接轨。对有限的补贴资源实行市场化配置，减轻财政压力，引导新能源电力企业加强研发，降低成本；国际上有好的经验，如英国发展海上风电的差价合约竞标机制，值得我国借鉴（见附录二）。

---

[1] Wiegand，J. (2021).

此外，我们还可推动国际社会尤其是多边发展银行成立专项基金或优惠贷款工具，加大对小国、穷国获得应对气候变化技术包括新能源技术的支持，降低它们获得这些技术的成本。这些小国、穷国极其有限的国内市场很可能阻碍新能源电力对化石能源的替代，这种替代及相关技术的落地往往需要规模化应用。

5. 推动海外电力投融资模式的转型

对于国有企业，从风险较低的单纯工程承包，国内融资带动设备出口和工程承包，到风险和回报都较高的投资—建设—经营模式已是趋势。我国的大型工程承包集团已跻身全球头部承包商，向投资—建设—经营一体化转型的关键是企业经营方向、理念从承建工程到项目效益的转变。有资金或融资优势的传统能源国有企业与新能源民营企业优势互补，合作开拓海外市场也有成功先例，值得鼓励。电力建设企业与吸纳使用电力的产业链上下游企业"抱团出海"的构想在实践中难以落实，需要加强国内协调，从制度、机制、法治的层面解决企业和人员风险分担、激励相容的问题。

海外电力投融资模式转型最根本的是从官方参与、国有企业为主、基于担保抵押的传统电力"公司融资"模式向更市场化、民营企业和国有企业共同参与，基于新能源项目风险、资产、收入的模式转型。这种转变的实质是解决我国新能源民营企业融资难题。对历史遗留的电力差价补贴拖欠问题，建议按中国电力企业联合会提出的解决办法，如发行专项建设债、加强电价附加征收、加快发展电力现货市场等，加紧落实解决。

此外，还可考虑以下几项举措。第一，建立新能源电站项目资产评估机制，促进海外新能源电力融资向基于项目风险和资产的模式转型，为无追索银行贷款创造条件。第二，支持两阶段融资。民营新能源企业在拓展市场的实践中产生的项目建设期和建成运营期两阶段融资方式有实用价值，值得支持。可考虑给新能源企业项目提供更多短融的便利，同时大力发展绿色债券市场，适度降低新能源企业发行基于项目资产和收入的债券（如评级要求等）门槛。第三，提高新能源领域国有企业与民营企业、企业与金融机构合作的成功率。国有企业有资金、信用、抵押资产方面的优势，民营企业有产品、技术、海外市场开发的积极性，双方都有合作的愿望。国有企业简化内部流程，减少审批的时滞和不确定性，可提高合作的成功率。第四，加快国有金融机构和相关制度的改革创新，拓宽新能源企业投融资渠道。丝路基金的新能源平台，北京中小企业交易所等为新能源民营企业提供了股权融资的新渠道，有助于在一定程度上缓解新能源中小企业在信贷融资方面的困难。第五，减少隐性担保。减少隐性担保有利于改善我国信贷资源的配置。措施可包括硬化国有企业的预算约束，使国有企业对隐性担保付费，可考虑的方式包括提高给财政的利润上缴，征收政府担保贷款的担保费，银行在贷款决策中增加存在隐性担保贷款的风险权重等。认真落实"竞争中性"原则有利于营造一个公平竞争的投融资市场环境（详见附录三）。

6. 减少新能源企业开发海外市场的其他体制机制障碍

我国新能源电力海外市场的发展与该产业尤其是光伏产业的国际比较优势不匹配。国内民营设备供应商发起海外项目往往很难达到银行对项目发起投资人资质的要求。国内新能源企业有个成长的过程，银行对电力项目投资人资质的要求也需要与时俱进，银行对电力企业海外项目提供信贷以外的金融服务（如信用掉期、股东担保等）也有需求和业务发展的空间。

新能源售电的市场电价在后疫情时代已在很大程度取代过去在发展中国家传统电力项目中较普遍（有当地财政担保）的长期购电协议。市场电价成为海外市场的主流大大增加了项目投融资和运营的风险。对国有企业海外项目风险调整投资回报率的考核也应考虑这一市场和风险的变化，进行适度改变。海外市场发展滞后的另一个原因是新能源电力单项规模较小，开发企业很难在进入市场后迅速形成经济规模。国内企业也存在无序竞争，企业之间、行业协会适当协调也有利于我国的产业优势在海外市场拓展的发挥。

我国现在还缺乏世界级的新能源电力市场开发商，应该鼓励这一领域的企业优势互补，协同发展，在国际竞争中提高资质和国际信誉，成为世界级的市场开发商。致力于应对气候变化、实现"双碳"目标的不仅是中低收入国家，还有大量中上收入和高收入国家。我国电力建设企业的海外市场集中在亚洲和非洲发展中国家，在美洲和发达国家还有很大的市场空间，新能源替代化石能源电力的历史性商机不应忽视。

7. 用好官方支持的国际投融资

后疫情时代，使用官方融资支持海外项目面对的现实是：我国已成为发展中国家最大的官方双边债权国，也是二十国集团"债务处置共同框架"的参与方；许多中低收入国家陷入债务困境，国际社会在疫情暴发后发起的"暂停偿债倡议"并没有从根本上解决相当部分国家债务不可持续的问题。

在这样的背景下，有关金融机构应该将官方支持的融资与商业性银行业务分开，将官方对外援助贷款与官方支持的出口信贷分开，不给保护主义倾向的国家以"隐性补贴"的借口将我国在装备制造、项目设计、建设、施工方面有技术和成本优势的企业排除在竞争性国际市场之外。官方资金支持的项目必须满足东道国债务可持续性的检验，同时增加对外融资信息的透明度，从新建海外项目入手，按国际标准披露项目层面（非商业机密）的信息。

有关部门还可以考虑提高对外优惠贷款的优惠度，与国际"官方发展融资"的优惠度接轨。如"两优"（优惠援外贷款和优惠买方信贷）大幅延长还款期，也可考虑更低的贷款利率，贷款主要使用人民币。对外优惠贷款的管理办法也可根据国际环境适当调整。为了增加有限优惠资金的社会和经济效益，可给予贷款机构更多主动规划、开发海外项目的空间。

8. 改进国有企业的激励机制

国有企业从工程承包到投资—建设—运营的转型要求管理层发挥企业家精神，大胆进取，不怕风险，勇于担当。从商业角度来说，过去几年我国企业到海外开拓业务的风险有增无减，除了传统的穷国信用欠缺和政治经济不稳定的风险，比较明显的是"大国竞争"推高的地缘政治风险、中低收入国家的债务偿付风险，以及疫情和气候变化风险。对涉海外投融资金融机构的监管主要是合规、操作、信用、不合规的道德等风险，监管当局对不可预测事件冲击，以及市场反常波动而产生不良资产的责任追究应有所区别，按国际同业和银行等金融机构的治理规则处理。

目前对国有企业管理层的监督和激励机制还有改进的余地。为了推进后疫情时代海外市场的开拓，可考虑对企业高管引入容错机制，符合在高风险和不确定性情况下对商业决策问责的规律，既鼓励开拓、创新，又奖惩分明，及时纠错，在提升企业业绩的同时推进绿色丝绸之路建设。

9. 加强新能源海外市场的国别研究

对能源和电力绿色转型的分析强调国情，新能源电力海外市场的拓展也需要考虑每个市场独特情况的解决方案。企业可考虑与智库甚至专业研究咨询机构合作，根据主要海外市场的资源禀赋，碳达峰、碳中和的目标年份，以及产业结构 / 工业化进程，研判该国实现"双碳"的技术路径，应对气候变化、能源转型技术的要求，电力投融资需求，以及短期和中长期市场潜力。这些研究成果可助力有关机构、企业用好优惠资金，开发海外市场，降低项目风险，也可用于与东道国的交流，加强相互信任合作，共建绿色丝绸之路。

参考文献

[1] 国务院 . 国务院关于印发 2030 年前碳达峰行动方案的通知 [A/OL].（2021–10–26）.www.gov.cn/zhengce/content/2021-10/26/content_5644984.htm.

[2] 蒋瑜，邬明权等 . 2000—2019 年中国海外电力项目信息数据集 [J]. 中国科学数据，2019，4（4）：14–21.

[3] Shuang Liu, Ye Wang and Yan Wang. South Korea and Japan Will End Overseas Coal Financing, will China Catch? [EB/OL].（2021–07–19）. https://www.wri.org/insights/south-korea-and-japan-will-end-overseas-coal-financing-will-china-catch.

[4] 清华大学绿色金融发展研究中心与创绿研究院 . "一带一路"国家可再生能源项目投融资模式、问题和建议 [R/OL].（2020–

03–27）. https://www.ghub.org/wp-content/uploads/2020/05/bri-re-report.pdf.

[5] 清华大学与 Vivid Economics 课题组 . 支持"一带一路"低碳发展的绿色金融路线图 [J]. 金融论坛，2020，25（7）：3–15.

[6] 日本国政府 . 基础设施出口战略 [EB/OL].（2020–07）. http://www.kantei.go.jp/jp/singi/keikyou/dai47/siryou3.pdf.

[7] 商务部 . 中国对外投资发展报告（2011—2020）[R/OL].（2011—2020）.www.mofcom.gov.cn.

[8] 商务部，国家统计局，国家外汇管理局 .2020 年中国对外直接投资统计公报 [M]. 北京：中国商务出版社，2021.

[9] 王建业 . 中国与国际主权债务架构的改革 [R]. 金融政策内参，广州国际金融研究院和广州金融协会编，2020 年第 25期 .http://afr.gzhu.edu.cn.

[10] 王建业 . 后疫情时代的国际主权债务处置 [R]. 北京：中国国际经济关系学会 2020 年年刊，2021 年 4 月 . www.ciera7907.org.

[11] 王淑云，娄素华，吴耀武等 . 计及火电机组深度调峰成本的大规模风电并网鲁棒优化调度 [J]. 电力系统自动化，2020，44（1）：118–125.

[12] 张丽莎 . "一带一路"背景下我国企业海外投资的增长与我国海外投资保险制度的完善 [J]. 法制博览，2020 (28):189-190.

[13] 张文合 . 我国对外投资及"一带一路"建设现状与风险分析 [EB/OL].（2021–05–30）. https://new.qq.com/omn/20210530/20210530A000MN00.html.

[14] 赵众卜，尹海钊，伍厚锞 . 新冠疫情对电力央企海外业

务的影响及对策 [J]. 国际工程与劳务杂志，2021（1）.

[15] 中节能咨询. 中央企业"一带一路"能源基础设施建设投资项目环境和风险管理的关键问题研究（修改稿）[R/OL].（2021–06–09）. http://www.cecep.cn/g792/s26797/t91513.aspx.

[16] 中国电力企业联合会 / 中电联. 新能源补贴拖欠问题调研报告 [R]. (2020). www.cec.org.cn/detail/index.html?3-297194.

[17] 中金研究部，中金研究院. 碳中和经济学：新约束下的宏观与行业分析 [M]. 北京：中信出版集团，2021.

[18] 中央财经大学绿色金融国际研究院. 2020 年中国"一带一路"投资报告 [EB/OL].（2021–02–08）. http://iigf.cufe.edu.cn/info/1012/3872.html.

[19] 周小川. 夯实应对气候变化的数据和计量基础 [C/OL].（2021–04–01）. https://www.yicai.com/news/101006749.html.

[20] BP. Statistical Review of World Energy 2021 (70th edition) [R/OL]. (2021). http://www.bp.com/statisticalreview.

[21] Carbon Tracker. How to Waste over Half a Trillion Dollars: The Economic Implications of Deflationary Renewable Energy for Coal Power Investments[R/OL]. (2020–03–12). https://carbontracker.org/reports/how-to-waste-over-half-a-trillion-dollars/.

[22] Chen, Xu, Kevin P. Gallagher, Denise L. Mauzerall. Chinese Overseas Development Financing of Electric Power Generation: A Comparative Analysis[J]. One Earth, 2020, 3(4): 491–503.

[23] Gates Bill. How to Avoid a Climate Disaster: The Solutions We Have and the Breakthrough We Need[M]. New York: Alfred A. Knopf, 2021.

[24] Global Energy Monitor. South and Southeast Asia's Last Coal Plants: Briefing[R/OL]. (2020-12). https://globalenergymonitor.org.

[25] Han, Jingying, and Christoph Nedopil Wang. China's Coal Investments Phase-out in BRI Countries—Bangladesh Case[R/OL]. (2021–04–27). https://greenfdc.org/chinas-coal-investments-phase-out-in-bri-countries-bangladesh-case/.

[26] International Energy Agency. Net Zero by 2050: A Roadmap for the Global Energy Sector[R/OL]. (2021–05–18). https://www.iea.org/events/net-zero-by-2050-a-roadmap-for-the-global-energy-system.

[27] International Energy Agency and Nuclear Energy Agency. Projected Costs of Generating Electricity 2020[R/OL]. (2020–12–09). https://www.iea.org/reports/projected-costs-of-generating-electricity-2020.

[28] Institute for Energy Economics and Financial Analysis. Power Overcapacity Worsening in Bangladesh[R/OL]. (2021–01). https://ieefa.org/wp-content/uploads/2021/01/Power-Overcapacity-Worsening-in-Bangladesh_January-2021.pdf.

[29] International Monetary Fund. Fiscal Monitor: How to Mitigate Climate Change [EB/OL]. (2019–10). https://www.imf.org/en/Publications/FM/Issues/2019/09/12/fiscal-monitor-october-2019.

[30] Inter-governmental Panel on Climate Change. 2006 IPCC Guideline for National Greenhouse Gas Inventories[M/OL]. Hayama: The Institute for Global Environmental Strategies (IGES), 2006. https://www.ipcc.ch/report/2006-ipcc-guidelines-for-national-greenhouse-

gas-inventories/.

[31] International Renewable Energy Agency. Renewable Power Generation Cost in 2019[M/OL]. Abu Dhabi: International Renewable Energy Agency, 2020. https://www.irena.org/publications/2020/Jun/Renewable-Power-Costs-in-2019.

[32] International Renewable Energy Agency. Renewable Power Generation Costs in 2020[M/OL]. Abu Dhabi: International Renewable Energy Agency, 2021. https://www.irena.org/publications/2021/Jun/Renewable-Power-Costs-in-2020.

[33] Jahan, Sarwat., Mario Catalan, Emilia Jurzyk, Simon Paroutzoglou, and Longmei Zhang. Improving the Allocation of Corporate Credit in China[R]. Washington, DC: International Monetary Fund, IMF Country Report No. 19/274.

[34] Jaumotte, Florence, Weifeng Liu, and Warwick J. Mckibbin. Mitigating Climate Change: Growth-friendly Policies to Achieve Net Zero Emissions by 2050[R]. IMF Working Paper, WP/21/195,2021.

[35] Joint Crediting Mechanism. Additional Information on Calculating the Emission Factor of Mexico for the JCM[R/OL]. 2019. https://www.jcm.go.jp/mx-jp/methodologies/62/attached_document1.

[36] Kong, Bo and Kevin P. Gallagher. Inadequate Demand and Reluctant Supply: The Limits of Chinese Official Development Finance for Foreign Renewable Power[J]. Energy Research & Social Science, 2021(71).

[37] Lam, W. Raphael, and Alfred Schipke. Chapter 11 State-owned Enterprise Reform [M]// Lam, W. Raphael, and Alfred

Schipke, and Alfred Schipke. Modernizing China: Investing in Soft Infrastructure. Washington, DC: International Monetary Fund, 2017.

[38] Li, Zhongshu, Kevin P. Gallagher, Denise L. Mauzerall. China's Global Power: Estimating Chinese Foreign Direct Investment in the Electric Power Sector[J]. Energy Policy, 2019(136).

[39] Ma, Xinyue. Fueling Up: Mapping China's Global Power [EB/OL]. (2020–10–26). https://www.bu.edu/gdp/2020/10/26/fueling-up-mapping-chinas-global-power/.

[40] Ma, Xinyue, Kevin P. Gallagher, Siqi Chen. China's Global Energy Financing in the Era of Covid-19[R/OL]. Boston University, Global Development Policy Center, GCI Brief 006, February 2021. www.bu.edu/gdp/files/2021/02/GCI_CGEF.PB_FIN.pdf.

[41] OECD. Chapter 2 China's Belt and Road Initiative in the Global Trade, Investment and Finance Landscape[M]//OECD. OECD Business and Finance Outlook 2018. Paris: OECD Publishing, 2019.

[42] Parry, Ian. Implementing the United States' Domestic and International Climate Mitigation Goals: A Supportive Fiscal Policy Approach[R]. IMF Working Paper WP/21/57, 2021.

[43] Scissors, Derek. China Global Investment Tracker 2020 [R/OL]. (2021-01).http://www.aei.org/China-global-investment-tracker/.

[44] Tong, Dan. et. al. Targeted Emission Reductions from Global Super-polluting Power Plant Units[J]. Nature Sustainability, 2018, 1(1): 59-68.

[45] Wiegand, Johannes. Global Climate Change Mitigation,

Fossil-fuel Driven Development, and the Role of Financial and Technology Transfers: A Simple Framework[R]. IMF Working Paper WP/21/280, 2021.

[46] Wood Mackenzie. Battle for the Future 2020: Asia Pacific Power and Renewables Competitiveness[R/OL]. (2020−11−16). www. woodmac.com/reports/energy-markets-battle-for-the-future-2020-asia--pacific-power-and-renewables-competitiveness-449626.

[47] Zhang, Longmei, and Wu Yuchen. Chapter 4 Credit Bonds [M]// Alfred Schipke, Markus Rodlauer, and Longmei Zhang. The Future of China's Bond Market, Washington DC: International Monetary Fund, 2019.

附　录

附录一　美国得克萨斯州停电事件对我国电力体制改革的启示 ①

一、得克萨斯州停电事件引起的思考

2021 年 2 月中旬，美国南部的得克萨斯州遭遇罕见的严寒暴雪，用电需求激增，电力供应却因天然气管道、风机叶片等设施缺乏防冰冻设备造成大量产能瘫痪，电网被迫切断负荷，实施供电管制，一度出现区域性电力中断，超过 450 万（占该州 27%）用户停电，电价飙升后又骤降至负值，爆发了该州历史上最为严重的电力危机（U.S. Department of Energy，2021）。

得克萨斯州是美国能源大州，其电力体系有以下特点。首先，得克萨斯州电力体系高度市场化，2020 年得克萨斯州电力的价格低至 2.2 美分 / 度，可以说是世界上电价最低的地区之一。在没有补贴（包括工业、商业电价对居民电价的交叉补贴）的情况下，低电价反映高效率。其次，得克萨斯州在发展风力、光伏、生物等可再生能源，退出高碳排放的煤电方面走在美国各州的前列，能源转型过程中的各种风险更早显现。最后，得克萨斯

---

① 本附录为 2021 年 3 月广州国际金融研究院的研究报告，收入本书有删减，原文参见 http://afr.gzhu.edu.cn/info/1129/1699.htm。

州电网独立于美国东部、西部联合电网，是美国三大电网之一。得克萨斯州能源丰富，电价低廉，不愿意与电力成本较高的其他州联网有各种原因（如抬高州内电价），但独立的市场、制度、监管环境提供了难得的研究市场化改革，向碳达峰、碳中和转型风险的现实案例。

二、得克萨斯州电力市场的改革与转型

得克萨斯州 1995 年通过《公用事业管理法》，放松电力市场管制，允许批发市场竞争。1999 年进一步通过立法将电力公用事业企业拆分为发电、输配电和零售电力供应商（Hartley，et al.，2019）。相比其他竞争性市场，电网独立的得克萨斯州市场规则更开放：没有容量市场，不强制参与日前交易，允许虚拟交易。在正常情况下，在批发和零售市场，发电企业和电力用户两方面的激烈竞争对降低得克萨斯州电力成本和提高资源配置效率产生了明显影响。

得克萨斯州是美国最大的发电州，其发电量是排名第二位的佛罗里达州的近两倍。电力消费市场同样名列前茅。市场化改革之后，尤其是 2010 年以来，得克萨斯州居民、商业、工业电价持续下降，低于全美平均水平且差距扩大（见附图 1.1）。[①] 工商业电价由于需求量大且稳定、输配成本较低，无须交叉补贴居民电价，因此低于居民电价，2020 年仅为加利福尼亚州的一半。得克萨斯州电力市场化改革表明，竞争能够促使发电企业降低成本，推动用户价格更好地反映边际发电和输配成本，零售价格更反映

---

① 得克萨斯州电价在边际上由发电占比较高的燃气发电决定，2002—2009 年国际天然气价格高企推高了这一时期得克萨斯州电价。

批发价格。具有国际竞争力的得克萨斯州电价吸引高新产业，助力就业创造，带来人口流入、推动得克萨斯州经济增长。

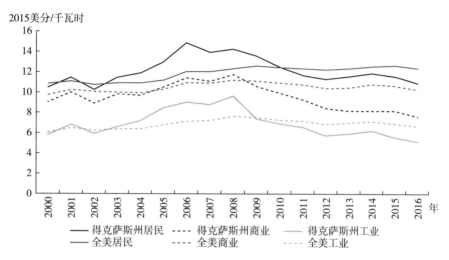

附图1.1 美国及得克萨斯州：居民、商业、工业电价对比，2000—2016年
（资料来源：Hartley, et al.，2019）

得克萨斯州电力市场化改革也促进了新能源企业的进入，推动了可再生能源电力对高碳排放煤电的置换。随着技术的进步和成本的降低，得克萨斯州风电装机容量从 2011 年的 10 万吉瓦增加到 2019 年的近 29 万吉瓦，风力发电领先全美其他地区，占全美风电的 30%。在可再生能源方面，风电占得克萨斯州净发电量的 1/5。与此同时，火电在得克萨斯州发电的比重下降，2016 年以来得克萨斯州有约 5000 吉瓦燃煤发电容量退出，火电占得克萨斯州发电的比重从 2014 年的 1/3 降至 2019 年的 1/5 以下（U.S. Energy Information Administration，2021）。

三、气候变化风险

然而，现实并非永远是"正常情况"，得克萨斯州电力改革和转型也存在重大缺陷，此次电力危机因此留下了深刻教训。从技术上来看，极端天气导致部分机组跳闸、天然气供应减少和部分风力发电中断（U.S. Department of Energy，2021）。但背后的深层次原因是得克萨斯州电力市场改革没有兼顾效率和稳定，对极端气候变化风险等小概率事件估计不足，没有及时采取应对措施，包括提高电力网络的韧性标准。

近年来，气候变化风险上升是个不争的事实，得克萨斯州电力的气候风险增大主要有两方面原因。第一，气候异常的趋势。相关统计表明，引起美国供电中断最重要的是气候及其他自然灾害，其占 2020 年停电次数的 43%，远高于第二重要的系统运行技术性故障（19%），后者与电力设备及基础设施维护、更新相关。美国的停电事件在过去 20 年间明显上升，似呈 10 年的波动周期，尤其是在气候异常多发的夏冬两季（见附图 1.2）。全球变暖使过去的不可能事件成为可能，极小概率事件上升为小概率事件。第二，较为稳定的火电被风电或光电替代，可再生能源更受自然条件制约，其比重升高也提高了电力体系的气候风险。

美国联邦电力稳定委员会曾在 2011 年寒流袭击得克萨斯州后发布研究报告，建议得克萨斯州电网采取提高韧性标准等措施。如得克萨斯州电网的产能备用率按夏季用电高峰决定，目前约 15.5%，低于美国其他电网。但提高备用率会增加电力企业和供应链的成本及用户电价。很可能是受市场主体利益集团片面追求低成本低电价的影响，得克萨斯州议会和监管部门没能克服阻力，及时提高得克萨斯州电网应对气候变化的韧性标准，没能就加强危急情况下得克萨斯州与邻近电网相互调节的能力（也就是增加对电网间直流高压线的投资）达成共识，也没有及时提供市场主体应对异常气候事件增加投资（如安装天然气管道和风机防冻设备）的监管要求和制度性激励（Dillingham，2021）。因此，得克萨斯州的教训对于所有面对气候变化风险，实施电力能源结构转型的国家包括我国都有重要的警示意义。

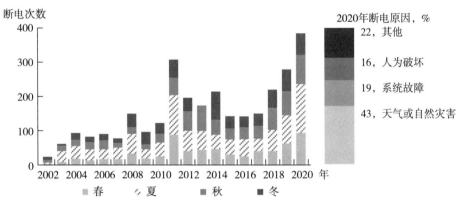

附图1.2　美国停电事件的季度分布和原因，2002—2020年
（资料来源：美国能源部，《经济学人》杂志）

四、对我国电力市场化改革和结构转型的启示

第一，深化电力市场化改革。自从 2002 年提出"厂网分开、主辅分离、输配分开、竞价上网"的改革思路以来，我国电力系统的市场化改革已经取得了巨大的成就，厂网、主辅完成分离，电网覆盖全国城乡，电力企业逐渐成为市场的主体，自主经营，财务良性循环。

然而，我国的工商业电价仍然偏高，2020 年 1 千伏以下工商业平均电价为 0.69 元 / 千瓦时，约相当于 10 美分 / 千瓦时，远高于得克萨斯州的工商业电价。当然，影响电价的因素包括资源禀赋、地理环境、科学技术，但电力资源生产和配置的效率、交叉补贴的程度也是影响最终电价的重要因素。有关研究表明，我国电力市场化改革已进入深水区，跨省份交易壁垒有待消除，电价体系从发电上游至输电中游到配售下游仍以计划调控主导，市场还没有在电力资源配置中真正发挥决定性作用（前瞻产业研究院，2019；南方电网发展研究院，2020）。我国电力的全产业链成本明显还有通过深化市场化改革下降的空间。

我国电力用户的价格由发电企业上网电价、输配损耗（电价）、政府性基金及附加（如农网还贷基金，可再生能源附加等）组成。2019 年我国工商业平均电价是居民平均电价的 1.25~1.45 倍。积极推动经营性产业链的开放，建立一个更加完善、充分、有效竞争的多元电力市场，将进一步激发企业创新增效、降低成本的活力，使电力市场价格更能反映边际成本。推动电力行业全产业链成本降低，就有可能在维持居民生活用电价格相对平稳的同时减少交叉补贴，降低工商业电价。工商业电价的降低必然为释放我国经济增长的潜力发挥深远的影响。

第二，高度重视、积极应对气候变化风险。得克萨斯州电力危机再次印证了气候变化风险真实存在，而且有增加的趋势。近年来，全球变暖诱发的极端天气出现频次增多，我国幅员辽阔，环境多样，东西、南北差异很大，局部地区出现气候相关灾害的可能性、极端天气的异常程度不容低估。在推进电力行业减少碳排放、提升可再生能源发电比重的过程中，需要重视能源结构变化对气候风险的敏感性，注意小概率事件，及早采取措施，防患于未然，保证电力系统安稳运行。

第三，在电力市场化改革中兼顾效率和稳定。这也许是此次得克萨斯州电力事件最重要的教训。市场化改革之后，市场主体在供给侧（批发市场）和需求侧（零售市场）激烈竞争，优胜劣汰，推动电力系统资源配置效率的提高。但市场主体视角偏微观、短期，受企业盈利和回报股东的约束，容易忽略全局性、系统外的小概率风险。提高电力体系的抗风险能力有可能要求企业增加额外投资或支出，与市场竞争约束下的企业行为相矛盾。负责制定、修改法规、制度的有关当局以及市场监管部门要有宏观、长期视野，及时通过制度性举措，例如提高系统性韧性标准，为企业、个体提供有效的激励，引导企业行为，增加全体系抗风险能力。

得克萨斯州电力危机的教训还包括改进监管和相关机制，如停电和需求管理，优化市场应对小概率事件的能力，减少用户的损失和非正常负担。应对极端气候风险还应酌情考虑建立或增加战略性能源储备。我国在研发、建设智能电网方面已有很好的基础，通过制度性激励推动智能电网和储能等方面的技术进步，也可提高电力体系应对气候变化风险等小概率事件的韧性。

参考文献

[1] 南方电网能源发展研究院.中国电力市场改革报告2020[M].北京：中国电力出版社，2020.

[2] 前瞻产业研究院.2019年中国电力行业发展现状及趋势分析：电力改革与市场化建设进入深水区 [EB/OL].（2019-02-02）https://shoudian.bjx.com.cn/html/20190202/961160.shtml.

[3] Dillingham, Gavin. The Great Texas Blackout of 2021: How Does It Not Happen Again?[R/OL]. Houston Advanced Research Center. (2021–02–22) .https://www.harcresearch.org/news/the-great-texas-blackout-of -2021-how-does-this-not-happen-again/.

[4]Hartley, Peter R., Kenneth B. Medlock, Olivera Jankovska. Electricity Reform and Retail Pricing in Texas[J]. Energy Economics, 2019, 80 (5):1–11.

[5]U.S. Department of Energy. Extreme Cold & Winter Weather Hub Situation Update #1[R/OL].(2021–02–16).https://www.energy.gov/caser/downloads/extreme-cold-winter-weather-hub-Situation-update-1.

[6]U.S. Department of Energy. Extreme Cold & Winter Weather Hub Situation Reports: Extreme Cold & Winter Weather Hub Situation Update #2[R/OL]. (2021–02–17).https://www.energy.gov/caser/downloads/extreme-cold-winter-weather-hub-Situation-update-2.

[7]U.S. Energy Information Administration. Texas Energy Profile: Electricity, Renewable Energy[Z/OL].2021.https://www.eia.gov/state/analysis.php?sid=TX.

附录二　绿色转型：海上风电的问题与对策 ①

我国在 2020 年确定了 2030 年前二氧化碳排放达到峰值，2060 年前实现碳中和的目标。海上风电作为可再生能源的重要组成部分，其脱碳发电的方式有助于推动碳排放目标的实现。当前海上风电发展面临的问题涉及面较广，本附录集中讨论近期"卡脖子"部件和"抢装潮"对于我国海上风电项目成本产生的影响，通过分析海上风电发展面临的挑战，同时比较借鉴欧洲海上风电发展的历程和经验，对我国海上风电发展所需的条件进行思考和总结，并对我国海上风电可持续发展提出相关建议。

一、海上风电与能源转型

1. 风电与非化石能源

从全球电力构成来看，风电虽然占比较小，但作为可再生能源的代表，在碳达峰和碳中和的硬约束下，已经成为能源转型的重要替代电力。美国能源信息署（EIA）数据显示，在 2018 年全球发电装机容量中，风能仅次于化石能源和水能，居第三位，在

---

① 本附录为 2021 年 2 月广州国际金融研究院的研究报告，收入本书有删减，原文参见 http://afr.gzhu.edu.cn/info/1129/1699.htm。

可再生能源中居第二位。而在总发电量上，风电则处在化石能源、水能和核能之后，居第四位（见附图2.1）。与风电相比，非化石能源中核能、水能、地热能、潮汐能等的利用受环境约束或地质条件的影响较大，光伏发电则面临更多的土地约束。

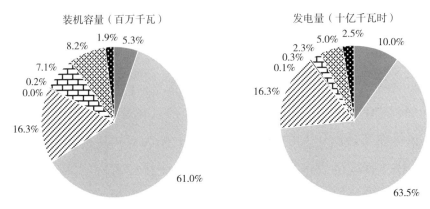

附图2.1　风电在全球电力生产中的地位

[资料来源：美国能源信息署（EIA）]

2. 海上风电与陆上风电的比较

在风力发电中，海上风电和陆上风电有着不同的比较优势（见附表2.1）。海上风电在风能质量、年利用小时数、容量系数和土地占用上的良好表现，意味着海上风电的系统运行一般要优于陆上风电。

附表2.1　　我国海上风电与陆上风电的比较

比较内容	海上风电	陆上风电
风能质量	风源稳定，平均风速较陆上高20%	风速波动相对较大
年利用小时数	可达3000小时以上	2000小时左右
土地占用	不占用	大

续表

比较内容	海上风电	陆上风电
技术要求	高	低
建设成本	高	低
维修费用	大	小
容量系数	40%~50%	30%左右

资料来源：张继立等（2018）；佟博、丁伟（2017）；容量系数来源于IRENA（2020）。

我国海上风电集中在东部沿海发达地区，靠近用电负荷中心，电能消纳条件好，可以避免远距离输电造成的资源浪费。总体来看，海上风电在国内能源转型中有着巨大潜力。

3. 海上风电的发展

海上风电尽管受到技术要求高和投资成本高的制约，起步较晚，但是从近期风电市场的发展来看，海上风电的相对优势开始逐渐显现。

首先，海上风电增速明显。根据国际可再生能源署（IRENA）的统计，2019年全球新增风电装机容量约60吉瓦，其中陆上风电54.7吉瓦，海上风电4.5吉瓦。尽管从增加的绝对数量上看，海上风电要远小于陆上风电，但海上风电在增速上则明显高于陆上风电。2019年全球海上风电装机容量同比增长19.2%，陆上风电同比增长10.1%，前者增速接近后者的两倍（见附图2.2）。

从地区来看，自2010年以来，欧洲和中国的陆上风电装机容量增速均持续下降，截至2018年底分别降至5%和10%左右。与此形成对比，2018年欧洲海上风电装机容量增速约为19%，而中国则约为65%（见附图2.3）。2014年以后，中国海上风电在政策、技术的共同推动下进入了快速增长阶段。

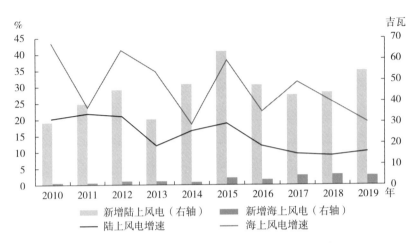

附图2.2　海上风电在全球风电装机容量中的表现

[资料来源：国际可再生能源署（IRENA）]

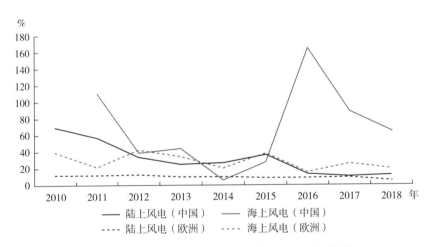

附图2.3　陆上风电和海上风电装机容量增速变化

[资料来源：国际可再生能源署（IRENA）]

其次，从风电新增装机的构成来看，海上风电的比重不断提高。欧洲海上风电在风电新增装机中的比重从 2010 年的约 9% 上升至 2018 年的 28%，而 2015—2018 年中国海上风电比重则从 0.3%

快速上升到了 8.9%（见附图 2.4）。根据彭博新能源财经（BNEF）统计的数据，海上风电在 2021 年后将成为各国风电新增装机的主要推动力。对于中国来说，由于陆上风电已经经过了多年的规模化发展，集中在中西部以及中北部地区的优质资源风场基本用完，未来新增陆上风电将逐渐向土地资源较为紧张、环境容量有限的中东南部地区转移。此外，在环保要求趋严的背景下，生态红线和环境约束的限制逐渐提高，部分地区已建成风电项目甚至面临拆除风险。陆上风电增速延续放缓基本已成定局，未来国内风电的发展将主要依赖海上风电。

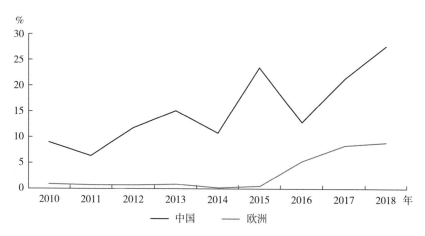

附图2.4　海上风电在风电新增装机中的比重

[资料来源：国际可再生能源署（IRENA）]

从能源转型的目标来看，海上风电的受重视程度显著提高，未来市场潜力巨大。过去几年中，许多国家上调了海上风电的长期发展目标（见附表 2.2），不断有新的国家进入海上风电领域。全球风能理事会（GWEC）预计，2020—2030 年全球海上风电装机容量将新增 205 吉瓦，其中 3/4 将在 2025—2030 年完成（GWEC，

2020)。

附表2.2　　　　　国外部分国家海上风电发展目标

国家	目标规模
英国	到2030年，装机容量达到40吉瓦（2019年装机容量为9.7吉瓦）。
德国	到2030年，装机容量达到20吉瓦（2019年装机容量为7.5吉瓦）。
美国	到2026年，装机容量达到10吉瓦，建成海上风电项目超过15个。
荷兰	到2023年，装机容量达到4.5吉瓦，到2030年前实现11.5吉瓦目标。
丹麦	在北海和波罗的海新建两个"能源岛"，其中波罗的海2030年计划总装机容量达到5吉瓦。
印度	到2030年，装机容量达到30吉瓦。

资料来源：Global Wind Energy Council (2020)。

二、我国海上风电高成本的原因

我国海上风电发展尚处于起步阶段。目前陆上风电国内市场造价（成本）最低已经降至 7000 元 / 千瓦，对应单位电价约 0.3 元 / 千瓦时，而海上风电造价成本则至少 15000 元 / 千瓦，对应单位电价多为 0.75~0.85 元 / 千瓦时。就上网电价和单位造价而言，海上风电远高于陆上风电，距离平价上网仍有一定距离。通过对国内电力企业的调研可知，能否平价上网决定着海上风电的持续发展，而在影响海上风电成本的众多因素中，核心部件对于近期国内海上风电降低成本的影响尤为明显。

海上风电建设成本主要包括设备购置费、建安工程、其他费用（如建设用海、生产准备等）、建设期利息支出、基本预备费以及其他可能费用等，其中设备购置费（主要为风电机组）最高，平均占 50% 左右（见附图 2.5）。因此，风电机组作为核心设备在海上风电的成本下降中起着重要作用。从海上风机制造上来看，尽管国内企业具有足够的主机集成能力，但在叶片和主轴承两大核心零部件方面与国外先进水平仍有较大差距，海上风机的关键部件仍依赖进口是海上风电降低成本的瓶颈。

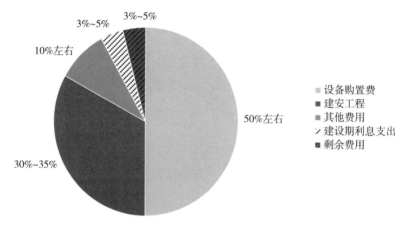

3%~5%
3%~5%
10%左右
30%~35%
50%左右

■ 设备购置费
■ 建安工程
■ 其他费用
▨ 建设期利息支出
■ 剩余费用

附图2.5　中国海上风电项目成本构成
［资料来源：叶军、仲雅娟（2018）］

英国皇家财产局（The Crown Estate）研究显示，海上风电风机功率的大型化和技术改进是海上风电成本降低最主要的单一因素（国海证券，2020）。大兆瓦机组可以大幅提高发电量，节约运维成本，是海上风电发展的必然趋势。以风机主轴承为例，东方电气10兆瓦海上风电机组是目前国内单机容量最大的风电机组，但为其配套生产发电机轴承的却是德国企业舍弗勒，国内真正实现国产化且量产的主轴承仅有3兆瓦风机轴承。国内3兆瓦风机轴承国产化之后，相应零部件价格下降了至少30%（The Crown Estate网站）。而对于海上风电制造中大兆瓦风机的关键部件来说，如果可以实现国产化，风机成本同样可以进一步降低。

然而实际情况是，从 2018 年 NSK 公司领头精密轴承涨价开始，包括 SKF、FAG、TIMKEN、NTN 在内的国外企业纷纷上调产品价格，国内企业只能被动接受。

2020 年暴发的新冠肺炎疫情进一步凸显了核心部件依赖进口对于国内海上风电发展的制约。据统计，全球少数几家可以生产大型风机主轴承的企业 2020 年的总产能只有约 600 套，受到疫情冲击，产能下降，加上运输等环境的恶化，轴承价格更是出现了进一步的上涨。对于国内海上风电产业而言，核心部件产能紧缺严重影响着大兆瓦风机的生产，而与此同时，平价上网又倒逼海上风电企业必须借助大兆瓦风机降低成本。海上风电产业链上的短板由此在近期变得更加突出。如何降低核心部件的成本成为国内海上风电实现平价上网亟待解决的问题。

三、近期海上风电投资的"抢装潮"

近期大批海上风电项目装机和建设提速，海上风电行业出现"抢装潮"。相关企业调研表明这一现象的出现与新能源电力上网电价补贴政策退坡密切相关。财政部、国家发展和改革委员会、国家能源局 2020 年 1 月共同发布了《关于促进非水可再生能源发电健康发展的若干意见》，提出 2021 年 12 月 31 日前未完成全部机组并网的新增海上风电项目将不再纳入中央财政的补贴范围。

截至 2021 年，为了维持海上风电投资市场主体的积极性，国内新能源电力的上网电价设定在 0.8 元 / 千瓦时左右。如果没有上网电价补贴，海上风电的相对高成本会使投资收益率仅为 3.29%，远低于一般项目所需的基准投资收益率的 8%（见附表 2.3）。

　　与其他可再生能源相比，目前已经具备平价上网能力的陆上风电建造成本约为 7000~8000 元 / 千瓦，地面光伏初始全投资成本更可降至 4550 元 / 千瓦，在更具规模化优势的"三北"地区，这两个数据可能更低。因此，目前电价补贴直接影响着海上风电企业的盈亏。以 30 万千瓦海上风电场为例，若锁定不了补贴电价，电价下降 1 分钱，每年将亏损 1000 多万元，且持续亏损，造成海上风电项目并网即亏，且亏损巨大。

附表2.3　　　　　海上风电与其他电力的经济性对比

类型	上网电价（元）	单位造价（元/千瓦）	内部收益率（%）
海上风电	0.45	18000	3.29
核电	0.43	10924	12.72
西部水电东送	0.45	8782	10.79

　　资料来源：胡文森等（2020）。海上风电、核电和西部水电东送经济效益对比分别以福建长乐外海风电场、广东阳江核电站、2016"云电送粤"合同为比例计算。

　　面对补贴政策退坡，海上风电企业竞相加快项目装机和并网进度，从此前的"抢电价""抢进度"，演变成 2020 年以来的"抢装潮"。"抢装潮"的出现给海上风电的持续健康发展造成了诸多不利影响。

　　第一，"抢装潮"直接导致了"抢风机"，明显的后果是风机价格的上涨。目前国内累计核准的海上风电项目约 4000 万千瓦，各省在建海上风电容量约 2000 万千瓦，而国内整机设备制造商的海上风机交付能力不超过 1000 万千瓦。面对如此巨大的供给缺口，海上风机价格一路攀升，从 2019 年的 6000 元 / 千瓦左右上涨至 2020 年中的 7000 元 / 千瓦左右，加上疫情在产业链上对于核心部件的影响，供不应求的负面作用更加显现。

第二，"抢装潮"也导致了海上风电市场服务价格的上涨。以施工船为例，当前国内全年安装极限量在 600 万兆瓦左右，而金风科技、上海电气等公司提出的需求则在 2 吉瓦以上。由于供不应求，海上作业施工价格随之上涨，从 400 万 / 月涨到 1000 万 / 月以上，且居高不下。据江苏省电力行业协会 2020 年的统计，因"抢装潮"所引起的设备和服务价格上涨已经使江苏海上风电项目平均造价较 2019 年上涨了 1000~2000 元 / 千瓦，部分设备及施工费用涨幅甚至高达 30% 以上。由此可见，补贴退坡引发的"抢装潮"短期内已经成为海上风电装机成本上升的重要因素。在海上风电核心部件降低成本空间受限的情况下，"抢装潮"使行业资源紧张，项目成本上升。

第三，"抢装潮"也对风机设备制造业的发展带来了负面影响。由于厂商间技术水平不同，设备的质量和性能存在一定差距，正常情况下技术落后的企业市场竞争力较低、面临淘汰的可能性较大。而"抢装"引起对海上风电设备短期需求的剧烈增长，降低了技术相对落后企业的生存压力。短期内市场的非正常繁荣妨碍了整个行业的发展，拖延了落后产能的淘汰和技术进步的进程。

第四，在"抢装潮"的压力下项目施工期被压缩，给施工质量和工程安全带来了隐患。为应对海上风机设备供不应求的情况，"抢装"过程中有企业开始考虑通过陆上风机"下海"的方式加快项目进度，抢在 2021 年底前建成并网。然而，由于海上风机和陆上风机的技术存在差别，只有通过技术改造才能满足海上发电的要求。但陆上风机改造成海上风机存在技术、成本和所需时间不确定性的问题。

第五，因风电补贴资金缺口而形成的补贴欠款也影响了海上风电企业的经营和投资。2019 年全国人大关于检查《中华人民共和国可再生能源法》实施情况的报告指出，现行可再生能源发电补贴政策落后于可再生能源发展的需要，征收总额仅能满足 2015 年底前已并网项目的补贴需求，"十三五"期间 90% 以上新增可再生能源发电项目补贴资金来源尚未落实（丁仲礼，2019）。尽快解决补贴欠款问题有助于改善相关企业的财务状况，提振新能源企业投资电力项目的信心，促进海上风电的可持续发展。

综上所述，海外风机上网补贴政策的目的是鼓励新能源电力发展，引导良性竞争，提升技术水平，最终降低成本。适时调整，直至取消上网补贴是降低道德风险、促进行业进步的正确举措。但此次补贴退坡诱发的"抢装潮"却带来了一些负面影响，包括延缓行业的技术进步，新装机组质量的不确定性，甚至隐患，不利于海上风电行业的健康发展。应认真总结成绩和不足，借鉴国际成功的经验，使我国支持新能源电力的政策更加精准、有效。

四、"差价合约竞标"与欧洲经验的启迪

持续推进成本下降、尽快实现平价上网对于海上风电发展至关重要。欧洲是当前全球最大的海上风电市场，借鉴欧洲海上风电发展的经验、推动平价上网，对于国内海上风电投资具有重要的参考价值。英国是目前世界上海上风电装机规模最大的国家，也是海上风电成本最低的国家之一，其所采用的差价（Contract for Difference，CfD）竞标机制在成本降低中发挥了重要作用。

差价合约竞标的核心是通过有限的补贴预算支持尽可能多的

项目。当预算不足以覆盖全部申请项目的补贴总和时，便进入竞标流程，所有项目将以投标电价竞争，选出发电成本更低的项目，实现政府补贴的最优配置。英国电价补贴政策的核心是"以钱定补"，将有限的资金用于成本最低的海上风电项目，充分发挥政策在海上风电成本降低中的引导作用。这与国内根据各省规划容量，确定年度招标规模，并对中标项目进行补贴的做法明显不同。相比而言，在应对可再生能源补贴缺口上，按照预算确定补贴的方式比按照规模确定补贴的方式更加可控，不仅可以减轻政府在海上风电补贴上的财政压力，而且对引导企业加强创新研发、降低技术成本能够产生更多的积极影响，可以有效解决当前国内海上风电"大而不强"和"补贴拖欠"的问题。

差价合约竞标还采用了电价补贴双向机制。当市场价格低于中标价时，海上风电企业获得差价补贴；反之，当市场价高于中标价时，海上风电企业则需返还差价（杨亚，2017）。这种方式不仅避免了海上风电企业在投标时报出不符合自身发展实际的超低价格，预防恶性竞争，更为重要的是增强了海上风电行业在供给端的竞争，使成本更低的企业能够获得长期的稳定电价，从而激励技术研发，降低成本。截至2020年底，英国可再生能源差价合约竞标已经完成三轮。在第三轮差价合约竞标中，价格最低的海上风电项目已经报至39.65英镑/兆瓦时，约为0.35元人民币/千瓦时，相比于第二轮差价合约价格（57.5英镑/兆瓦时）下降幅度超过30%。由此可以看出，这种差价合约的招标方式不仅可以激发海上风电企业技术创新的热情，而且促进了行业成本的下降，减少了补贴资金的浪费。市场化的补贴机制减少了技术落后企业和产能获得补贴的可能性，更加高效地分配有限的补贴资金，提高了海上风电企业的技术创新效率。

差价合约竞标机制在招标过程中通过对不同技术类别的新能源电力进行分组，加强竞争，促进技术进步。英国商业、能源与工业战略部（BEIS）2020 年 11 月 24 日宣布的第四轮差价合约对可再生能源补贴竞标技术类别进行了重新分组，新的组别分别是：（1）成熟（已验证）技术类别，包括陆上风电和光伏；（2）欠成熟（待验证）技术类别，包括漂浮式海上风电、先进转换技术和潮流能技术；（3）海上风电。海上风电首次被单独划分成组（U.K.DfB，2020），投标项目的竞标将不再受以往其他技术类别的影响，竞争态势更为清晰。

此外，漂浮式海上风电第一次独立于传统海上风电参与差价合约竞标。目前全球建成的海上风电项目绝大多数均处在近海领域，但随着近海资源受到日益严格的环保要求以及航道资源等制约，发展空间减小，未来海上风电的发展方向将在深水远海领域。英国的 Hornsea One 项目的离岸距离已经达到 103 公里，Hywind demo 浮式试验风场的水深则达到了 220 米。在第四轮竞标中，英国将漂浮式海上风电独立出来不仅符合海上风电发展的现实要求，而且充分提高了相关企业之间的竞争，更好地激励漂浮式海上风电技术水平的提高，推动海上风电进一步向风能资源更好的深水远海领域发展。

欧洲国家的经验表明，政策的连续性和稳定性在海上风电平价上网的过程中发挥着重要作用。英国从 2014 年开始启用差价合约电价政策，逐步取代 2002 年开始实施的可再生能源义务（Renewables Obligation，RO）制度。在海上风电实现平价上网之前，英国有关当局对海上风电的政策支持随着市场的发展作出了一定的调整，并注意政策调整前后，或新旧政策交替的平稳衔接。可再生能源义务政策直到 2017 年 4 月才在新上海上风电项目中不再实行。德国在 2002 年专门出台了《德国海上风能利用战略》（*Strategy of the German Government on the Use of Off-shore Wind Energy*），将发展海上风电上升到战略高度。此后相关政策多次进行了修改，但对海上风电的发展始终保持稳定的支持。

欧洲国家海上风电的发展也有教训。2007 年之前，荷兰可再生能源的补贴发放基于成本效益排序，每一种可再生能源技术都能获得各自所属的有限预算，海上风电在此预算支持下开始起步。2007 年，荷兰新一届政府上台，对可再生能源技术应用的态度发生变化，补贴计划因此作出调整。所有可再生能源技术改为在同一个有限的预算内竞争，且不再按照不同能源技术类型进行区分。在海上风电发展刚起步阶段，由于技术成熟度较低、成本较高，这种做法基本上将海上风电技术排挤出了可选的可再生能源技术范围，结果导致荷兰海上风电项目在 2008 年之后完全停摆，新增装机持续数年为零。直至 2013 年政府换届之后才对海上风电政策再次作出调整，补贴预算中专门拨出一部分支持海上风电的发展，此后荷兰海上风电新增装机才重新实现增长（陈卓淳，2020）。

总体来看，以英国为代表的欧洲国家在当前全球海上风电产业中处于领先地位。差价合约竞标机制通过引入充分的市场竞争，在推动核心技术进步、降低项目成本方面发挥了积极的促进作用。随着市场、技术、成本的变化，政策支持适度调整，但仍保持连续性和稳定性，避免"一刀切"，有助于稳定市场预期，增加企业投资信心，减少了海上风电市场的大起大落，支持了行业的可持续发展。

五、若干建议

针对核心部件和"抢装潮"在近期海上风电发展中产生的不利影响，建议采取以下措施以促进行业的可持续发展。

一是有关部门从政策、技术、企业等方面，深入调研近期"抢装潮"产生的原因，并对其影响进行评估，从而准确判断2021年底之后海上风电市场的投资趋势，规避可能出现的断崖式下跌风险。

二是引入差价合约竞价机制，优化海上风电补贴政策执行效果。在招标环节，注重对核心技术更高、成本更低的项目进行政策支持和补贴倾斜，引导海上风电企业加强技术研发，加快推进核心部件技术的国产化，降低项目成本。

三是电价补贴的退出考虑我国海上风电行业发展的实际情况，应有明确的预期，同时给予创新型企业足够、持续和稳定的激励，实现优胜劣汰，推动行业的跨越式发展。

四是有关部门对2021年底前后的行业状况进行跟踪研究，并在此基础上调整政府对相关领域的长期支持与政策。

参考文献

[1] 陈卓淳. 欧洲四国海上风电发展机制比较分析——基于技术创新系统思路 [J]. 河北地质大学学报，2020，43（4）：91–101.

[2] 佟博，丁伟. 海上风力发电场投资成本分析与运维管理 [J]. 电气时代，2017（11）：31–33.

[3] 丁仲礼. 全国人民代表大会常务委员会执法检查组关于检查《中华人民共和国可再生能源法》实施情况的报告 [R/OL].

(2019-12-24). http://www.npc.gov.cn/npc/c30834/201912/2b7568de01
944c33b9326c325dcd498f.shtml.

[4] 国海证券.新强联深度报告：风电主轴轴承进口替代领先者 [EB/OL].（2020-10-24）.http://www.wesee.cn/p-393053.html.

[5] 胡文森，杨希刚，李庚达，等.我国海上风电发展探析与建议 [J].电力科技与环保，2020，36（5）：31-36.

[6] 杨亚.欧洲海上风电发展趋势与政策机制的启示与借鉴 [J].中国能源，2017，39（10）：8-14.

[7] 叶军，仲雅娟.海上风能利用及其成本分析综述 [J].太阳能，2018（6）：19-25.

[8] 张继立，王益群，吕鹏远.我国海上风电区域开发方案浅析 [J].风能，2018（06）：62-68.

[9] International Renewable Energy Agency. Data & Statistics, Capacity and Generation[Z/OL].https://www.irena.org/Statistics/View-Data-by-Topic/Capacity-and-Generation/Statistics-Time-Series.

[10] Global Wind Energy Council. Global Offshore Wind Report 2020[R/OL].https://gwec.net/global-offshore-wind-report-2020/.

[11] The Crown Estate.Offshore Wind Cost Reduction Pathways Study[R/OL].(2012-05).https://www.thecrownestate.co.uk/media/1770/ei-offshore-wind-cost-reduction-pathways-study.pdf.

[12]U.K. Department for Business, Energy & Industrial Strategy. Contracts for Difference (CfD): Proposed Amendments to the Scheme 2020[EB/OL]. (2020-03-02). https://www.gov.uk/government/consultations/contracts-for-difference-cfd-proposed-amendments-to-the-scheme-2020.

附录三　绿色"一带一路"与民营企业融资 ①

一、"一带一路"沿线电力项目的绿色转型

在国内实施碳达峰、碳中和战略决策，国际落实《巴黎协定》2030 年全球变暖目标进入实质性行动的背景下，我国在海外尤其是"一带一路"沿线国家电力项目的类型面临转型的压力。从收集到的数据来看，能源包括电力是我国 2013—2020 年对"一带一路"投资和中长期信贷最大的行业，煤电又是电力项目中占比最大的类型，占比超过 40%。近年来，可再生能源电力占比上升，尤其值得关注的是太阳能和风能电力的发展。

从发展前景来看，世界能源组织、头部能源企业、主要专业智库的预测都比较接近，彭博能源研究团队定期发布的《新能源展望》有一定代表性（见附图 3.1），在《巴黎协定》等全球共识的约束下，可再生能源替代化石燃料电力最主要是光电和风电。大型水电不仅资金密集，而且可利用资源有限，开发过程涉及人口搬迁、生态保护，甚至国际协调等问题。核电更是耗资巨大，

---

① 本附录为 2021 年 9 月广州国际金融研究院的研究报告，收入本书有删减，原文参见 http://afr.gzhu.edu.cn/info/1129/1699.htm。

非一般中低收入国家的选项。其他如地热、生物发电受地质条件或碳排放等约束，很难成为主流电力类型。根据国际可再生能源署（IRENA）《2020 年可再生能源发电成本》报告，光伏、聚光太阳能和陆上、海上风电的装机成本 2010—2020 年下降了 30%~80%，全生命周期或平准化成本下降 50%~85%，而水电、地热发电成本则大幅上升，生物发电持平。[①]化石燃料电力方面则主要是煤电的退出，太阳能和风能电力替代将是趋势。

经过国际金融危机后十来年的发展和洗牌，我国企业在以光伏和风能为代表的新能源电力领域已有了相当的优势。我国约占全球光伏发电设备八成的产能和市场，这一行业主要的人才、技术也在中国。如何发挥我国企业的优势，扩大海外新能源电力市场，推动我国在海外尤其是"一带一路"沿线电力投融资的绿色转型是本附录研究的主要问题。

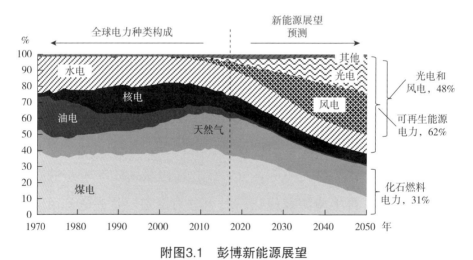

附图3.1　彭博新能源展望

（资料来源：Bloomberg NEO 2019，https://about.bnef.com/new-energy-outlook）

---

① International Renewable Energy Agency（2020），Table H1.

我国在海外的电力投融资项目可分成两大类：传统能源与新能源电力；前者主要是燃煤及其他化石燃料电力，后者主要是太阳能和风能电力。从转型分析的角度，本文将与煤电有相似投融资特点的水电、核电看作"传统"电力。这两类电力项目在资金规模、建设周期、投产前风险和产业链相关企业方面有以下差别。

项目投融资额。传统电力的项目投融资额远大于新能源电力。根据 2013—2020 年 307 个海外电力项目的数据，按平均单个项目中国资金参与额（债权加股权）计算，煤电平均 7.7 亿美元，水电 4.2 亿美元，核电 65 亿美元。[①] 煤、水、核电均是投资规模大的资本密集型项目。相比之下，光电海外项目平均单个项目中国资金参与额约 1.1 亿美元，风电约 0.6 亿美元。

建设周期。传统电力项目一般规模大，建设周期因此较长：煤电工期为 1~4 年，大型水电、核电通常在 4 年以上。新能源中的光伏和风电建设周期通常较短，如光伏电站施工周期为 4~6 个月，最长 1 年。陆上风电施工周期也较短，一般 8~10 个月，海上风电则相对较长。[②]

完工风险和上网风险。由于传统电力项目建设周期较长，工期因成本超支、自然灾害、设计调整、资源保障、技术乃至安全等原因延误，不能按时交付运营的风险较高，需要担保或保险。[③] 但也由于规模大，过去在中低收入国家此类项目较易得到有担保

[①]　在缺乏官方统计的情况下，数据包含研究团队的估算。详见本书表 3.2。其中核电（英国欣克利角 C）项目中方（中广核）已撤资退出。

[②]　国家电力投资集团的内蒙古乌兰察布 6000 兆瓦（当时全球单体最大）陆上风电项目 2020 年 4 月开工建设，开工时预计 8 个月后建成并网供电。

[③]　专业期刊对电力项目施工的风险和应对讨论不少，如见施逸涵（2015）。

的长期购电协议，上网风险较低。新能源电力建设周期短，完工风险较低，但由于规模较小，供电有间歇性，对电网要求高，因此上网风险也高。

项目相关企业。我国传统电力项目从设备制造、项目设计、工程承包，到建设施工主要是以中央企业为代表的国有企业，如发电设备制造领域的上海、东方、哈尔滨三大电气集团，工程设计承包施工（EPC）领域的中国电力建设集团、中国能源建设集团、中国能源建设集团的子公司葛洲坝集团等。[1] 国内光伏和风电设备制造的龙头多为民营或股份制上市企业，如光伏领域的天合、晶科、协鑫、阿斯特、隆基，风电领域的金风科技、远景能源、明阳智能等；工程承包商则有中央企业、地方国有企业，也有民营企业。

上述特点与我国国有银行为主的融资体系结合形成了我国经济体制转型特定历史条件下传统电力与新能源电力投融资模式的区别。海外电力项目由传统向新能源电力转型因此也要求投融资模式的转型。

二、投融资模式的转型

企业调研印证了相关数据：我国海外传统电力和以光、风电为代表的新能源电力项目在股权投资、信贷融资、担保及保险方面都有明显区别。

股权投资。传统电力项目单项投资额大（按 2013—2020 年数据估算，煤电平均单项股权投资 2.3 亿美元），大多由实力雄厚的

---

[1]　中央财经大学绿色金融研究院（2021）列出的我国境外工程承包十大企业，前九位均是中央企业。

中央企业如中国电力建设集团、中国能源建设集团的国际或海外投资公司，国内大型发电集团（华能集团、国家电力投资集团、大唐集团、华电集团、国家能源投资集团等），水电领域的长江三峡集团，核电的中国广核集团或地方能源国企投资、参股成立项目公司，为国产设备出口以及集团或相关的 EPC 企业承包工程创造条件。

新能源电力单项投资额较小（光伏电站单项平均 0.8 亿美元，风电单项平均 0.2 亿美元）。[①]民营设备制造商的海外项目开发其实也是产品市场拓展，通过项目投资带动设备销售和工程承包。光伏行业的龙头企业如晶科、协鑫等也是光伏电站建设的重要投资商。风机制造企业和资金充裕的大型国企合作开发国内外市场，最典型的例子是长江三峡集团投资当项目股东，新疆金风科技股份有限公司提供产品和设备。

信贷融资。传统电力项目的资金投入主要靠信贷，54 个煤电项目的平均股债比［股权 /（股权 + 债权）］约 30%，水电更低，只有 5%。相比之下，73 个光伏电站的平均股债比超过 70%，46 个风电项目的股债比接近 50%。也就是说，海外新能源项目主要靠股东出资，而不是银行贷款。考虑到海外新能源项目中民营企业居多，数据表明民营企业的海外电力项目尤其是光伏和风电项目使用境外资金远超国内资金，海外新能源项目很难获得国内银行的中长期贷款是个不争的事实。[②]

企业调研印证，为了做成海外新能源项目，民营设备制造商和工程承包商除了投资项目股权，往往通过股东贷款、承包商短

---

① 我国海外光伏电站投资以绿地投资为主，风电投资则更多的是并购。

② 见本书图 3.14。

融等办法在项目建设期垫资，项目建成运营、风险降低后再通过市场发债融资。民营企业投资的海外新能源项目若能得到银行贷款，也是基于项目资产和收入的无追索贷款。与此形成对比的是传统电力项目得到的是国内银行根据借款方和担保方（大型中央企业或地方国有企业）的信用发放的贷款，当项目出现违约时，贷款方（银行）对项目发起人有追索权。

担保与保险。造成传统电力与新能源电力海外项目信贷融资巨大差别的原因与这两类项目的风险、担保与保险有关。传统电力项目规模大、工期长，建设期完工风险突出，通过官方或国有机构的协调，过去在中低收入国家较易得到长期购电协议（PPA）及东道国政府对 PPA 或项目信贷融资的主权担保，因此较易得到中信保（中国的官方出口信用机构）的支持，为国内银行中长期贷款铺路。新能源电力项目规模小，供电有间歇性，上网风险（建成后无法售电）高，较难得到东道国政府的担保及中信保的保险，国内银行贷款难度大、意愿低。

综上所述，传统电力项目的融资模式实质是基于项目股东及主承包商企业信用，具有官方或国有资本参与特色的"公司融资"，即政府或官方机构协调，甚至出资、担保，国有银行提供中长期贷款给不缺抵押资产的大型中央企业或地方国有企业。而新能源电力项目的融资模式更接近国际同业市场通行的"项目融资"或"混合融资"，但目前情况下开发项目的民营设备制造商和工程承包商往往寻求短期信贷并承担相关风险。

2020 年初暴发的新冠肺炎疫情凸显了许多中低收入国家过去累积的对外债务风险，国际社会发起的"暂停偿债倡议"（DSSI）并未从根本上解决相当部分国家债务不可持续的问题。在这样的背景下，我国海外电力投融资的转型就是从官方参与的公司融资模式的向市场化程度更高的项目融资或混合融资模式转变。这种转变为海外电力项目的绿色转型所必需，其实质是解决我国民营企业的融资难题，解决我国民营企业资本收益率高于国有企业，但净资本收益率（资本收益率与资本成本之差）低于国有企业的问题。

三、国有企业与民营企业净资本收益率的跨国比较 [①]

OECD 2018 年发布的题为《全球贸易、投资、融资背景下的中国"一带一路"倡议》报告比较了中国和发达国家及新兴市场国家国有和非国有（民营）企业的资本使用效率。该报告收集了中国、发达国家、新兴市场国家 2002—2017 年国有与民营非金融企业的股东权益回报率（ROE）和资金成本（COK），并计算减去资金成本的净股东权益回报率（ROE—COK），也就是本文使用的"净资本收益率"概念。[②] 显然，投资回报和资产运营效率越高，融资成本越低，ROE 和 COK 之差（净资本收益率）就越高，反之则相反（见附图 3.2）。

我国的民营企业的净资本收益率比较低，发达国家民企的净资本收益率最高。发达国家民营企业的净资本收益率在统计期间始终高于国有企业，平均而言新兴市场国家民营企业收益率高于

[①] 通常 ROE（Return on Equity）指净资产收益率或股东权益回报率，是税后利润 / 股东权益。本文所用的"净资本收益率"是减去资金成本（COK）的股东权益收益率，即 ROE-COK。

[②] Lam and Schipke（2017）明确考虑财政补贴、土地和资源使用方面以及融资的隐性支持等因素对中国企业股东权益回报率的影响。据此调整后的中国工业国有企业和民营企业 2000—2016 年的 ROE 数据和 OECD 的分析（见附图 3.2）非常接近，趋势一致。

国有企业，国际金融危机后的 2009—2012 年除外。但我国国有企业减去融资成本的股东权益回报率始终高于民营企业，并且 2010年后国有企业和民营企业的净资本收益率都呈下降趋势，民营企业的 ROE–COK 自 2015 年以来几乎接近零。

鉴于国内光伏和风电设备制造的龙头多为民营或股份制上市企业，分析导致民营企业净资本收益率（ROE–COK）低的原因并找到对策，对推动我国海外电力项目和投融资的绿色转型至关重要。

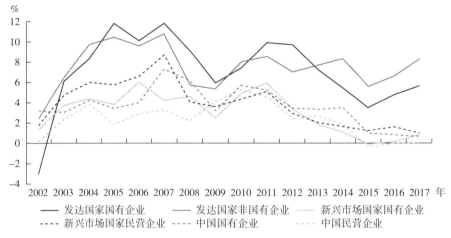

注：国有企业和民营企业均是非金融企业。ROE为股东权益回报率，COK为资金成本。

附图3.2　国际比较：国有企业和民营企业的ROE–COK

［资料来源：OECD（2018）］

四、民营企业净资本收益率低于国有企业的主要原因

国内的相关统计和企业数据表明我国非金融民营企业的亏损企业占比、债务／利润比率、资产收益率（ROA）都优于国有企业。如 2015—2018 年，国有企业的亏损企业占比是民营企业的两

倍（国有企业超过 25%，民营企业则低于 13%）。以资产收益率来衡量盈利水平，民营企业明显优于国有企业，2016—2019 年民营企业资产收益率平均比国有企业高 3% 以上（见附表3.1）。

附表3.1　资产收益率（ROA）：我国非金融国有企业与民营企业的比较

资产收益率（ROA，%）	2015	2016	2017	2018	2019
全部非金融国有企业	1.8	1.6	1.9	1.9	0.9 [1]
工业国有企业	2.9	3.0	3.9	4.2	3.5
工业民营企业	8.7	8.9	8.5	7.4	6.3
国有企业ROA—民营企业ROA	…	−7.7	−5.6	−2.9	−3.1

资料来源：国际货币基金组织（2021），Table 7，Table 8。
注：[1] 2019年6月数据。

我国民营企业净资本收益率低的原因不在于投资回报或资产盈利率，而在于资金成本，也就是民营企业获得资金的成本比国有企业高得多。融资成本高不仅表现在更高的借贷利率，还表现在更难得到贷款或低贷款获得性。有研究基于截至 2018 年的数据估算民营企业发债借款要比国有企业同等期限的债券利率高 150~200 个基点，即使将债券种类、交易年头、所在行业，企业的利润、杠杆、规模等财务因素都考虑进去，民营企业也比国有企业借贷成本高 100 个基点以上。[1]

调研发现，在新能源电力领域，除了光、风发电的间歇性引起的上网难等风险，还有以下几个与导致民营企业融资成本高的原因。

---

① Jahan，S. et al. (2019)，Zhang and Wu (2019).

• 补贴拖欠。有关部门为鼓励新能源电力发展曾出台差价补贴机制，补贴资金来自电价附加。在补贴的激励下，我国新能源电力快速发展，并网太阳能发电装机提前 3 年、风电发电装机提前 1 年完成"十三五"规划目标，所需补贴资金骤增。然而电价相对固定，不反映市场和发电成本的变化，国内售电量增长远低于补贴资金需求的增长，由此造成新能源补贴拖欠缺口越来越大。[①] 企业调研表明，新能源发电项目的电价补贴占新能源电力企业营业收入的 40%~70%，补贴拖欠导致大部分新能源企业账面盈利，但应收账款在总资产中的占比不断上升，经营现金流非常紧张。为了资金链不断裂，这些企业不得不大量借贷来还本付息，维持运营。由此带来企业负债率持续攀升。

• 负债率高。高负债率不仅影响新能源企业的信用评级，也影响资本市场投资者对新能源企业的信心。企业估值难以修复，股权融资功能大为削弱。财务的捉襟见肘还造成"三角债"，新能源投资运营商拖欠设备制造商，设备制造商拖欠零部件供应商。这些状况都推高新能源电力企业的资金成本。

• 缺少担保或抵押。同国有企业相比，民营企业普遍缺乏可供贷款抵押的固定资产或不动产，也缺乏实力雄厚的集团公司，或地方政府、企业集团提供的信用担保。从风险管控、责任追究的角度，国有金融机构更愿意贷款给国有企业，很重要也是由于现行国有资本体系隐性担保的存在。

• 隐性担保的影响。隐性担保等结构性因素导致我国信贷资金更多地偏向国有企业。按 2018—2019 年的统计数据，国有企业

---

① 据中电联（2020），截至 2019 年底，国网、南网、蒙网纳入补贴目录和未纳入目录的拖欠金额合计 3273 亿元（不含税）。

占用国内信贷资源的 40%，但只提供了工业销售的 27%，城镇就业的 13%。

上述分析表明新能源民营企业很难依据自身信用以传统的"公司融资"模式拓展海外电力项目。

五、若干建议

落实"建设绿色丝绸之路"的战略决策，充分发挥我国新能源电力企业在产能、市场、技术、人才的已有优势，进一步扩大我国新能源电力的海外市场，均要求海外电力投融资模式转型。从官方参与、国企为主的公司投融资模式向更市场化、与国际同业接轨、民营企业和国有企业共同参与的模式转型必须克服若干障碍。本附录前文指出这些障碍可分为三类：（1）历史遗留的问题，如补贴欠款；（2）现实的现阶段我国民企在融资方面的劣势，如在担保和抵押资产方面的欠缺；（3）体制机制、市场发展的问题，如国有企业融资的隐性担保。

对于历史遗留的补贴拖欠问题，中国电力企业联合会（中电联）进行过深入调研，提出了建设性的解决办法，如发行专项建设债，加强电价附加征收，加快发展电力现货市场，为新能源电力取消补贴、平价上网创造条件等。①这些建议值得有关部门重视，可行的应加紧落实。对于上述第二、第三类问题，提出以下建议。

• 建立新能源电站项目资产评估机制。新能源电力发展历史较短，国内金融机构对评估此类项目的风险、资产、收入有个摸

---

① 详见中电联（2020）。

索方法和标准、积累总结经验的过程。有关部门协调推动，加快相关资产评估机制的建立，将极大地帮助在海外新能源项目开发中发挥重大作用的民营企业规避在融资方面的劣势，促进海外新能源电力项目从基于抵押、担保的公司融资模式向基于项目风险和资产的融资模式转型，为无追索银行贷款创造条件。

• 积极支持两阶段融资，大力发展绿色债券市场。民营新能源企业在拓展市场的实践中产生的项目建设期和建成运营期两阶段融资方式是无奈之举，但也不失在投融资模式转型期的实用价值，值得支持。相关金融机构可考虑给新能源企业项目提供更多短融的便利，同时大力发展绿色债券市场，酌情适度降低新能源企业发行基于项目资产和收入的债券（如评级要求等）门槛。

• 促进新能源领域国有企业与民营企业、企业与金融机构的合作。国有企业有资金、信用、抵押资产方面的优势，民营企业有产品、技术、海外市场开发的积极性，双方可优势互补。长江三峡集团与新疆金风科技股份有限公司在风力发电的合作有力地推动了长江三峡集团"再造一个三峡"的愿景。调研发现，相关国有企业和民营企业都有合作的愿望，但国有企业须简化内部流程，减少审批的时滞和不确定性，抓住市场良机，提高合作的成功率。新能源企业与金融机构有很大的合作空间，天合光能股份有限公司 2020 年与世界领先的另类资产管理公司 LPG 签订总值 7 亿美元的包括 35 个海外光伏电站开发、设计、采购、建设管理（EPCM）服务的项目合同就是例证。

• 加快国有金融机构和相关制度的改革创新，拓宽新能源企业投融资渠道。针对新能源电力项目投融资体量较小，往往呈散、碎、短的特点，丝路基金打造了新能源平台，通过平台将项目股权投资与平台参与机构对东道国法律、风险、管理等方面的专业服务相结合，帮助新能源企业应对投资资金和风险管控的挑战。2021 年成立的北京证券交易所也为新能源民营企业提供了股权融资的新渠道，有助于一定程度缓解新能源中小企业在信贷融资方面的困难。

• 减少隐性担保。新能源民营企业融资难、融资贵的问题其实也是公平竞争的问题。隐性担保的存在从根本上来说是由于国有企业的股东也是我国土地等基本资源的所有者。国有企业亏损面大于民营企业，但破产国有企业数量远低于民营企业，一度也有不少"僵尸"国有企业存在也是事实。减少隐性担保有利于改善我国信贷资源的配置，提高经济增长的效率。国内外专家也就此提出过一些有益的建议，如硬化国有企业的预算约束，减少国有企业获得低成本资金的可能性。国有企业对隐性担保付费（例如瑞士国有邮局通过提高给财政的利润上缴来为获得低贷款利率付费，也有的国家政府对国有企业征收政府担保贷款的担保费），银行在贷款决策中增加存在隐性担保贷款的风险权重等。[①] 认真落实"竞争中性"原则有利于营造一个公平竞争的投融资市场环境。

参考文献

[1] 施逸涵 . 电力施工存在的风险及应对措施 [J]. 城市建设理论研究，2015（12）.

[2] 中国电力企业联合会 / 中电联 . 新能源补贴拖欠问题调研报告 [R].（2020）. www.cec.org.cn/detail/index.html?3-297194.

---

① Jahan，S.，et al. (2019).

[3] 中央财经大学绿色金融国际研究院. 2020 年中国"一带一路"投资报告 [EB/OL].（2021–02–08）. http://iigf.cufe.edu.cn/info/1012/3872.html.

[4] Bloomberg Energy Research Group. New Energy Outlook 2019[R/OL]. (2019–06–27).https://about.bnef.com/new-energy-outlook.

[5] International Monetary Fund. People's Republic of China: 2020 Article IV Consultation Staff Report[R/OL]. (2021–01–08). Country Report No. 2021/006, 2021. https://www.imf.org/en/Publications/CR/Issues/2021/01/06/Peoples-Republic-of-China-2020-Article-IV-Consultation-Press-Release-Staff-Report-and-49992.

[6] International Renewable Energy Agency. Renewable Power Generation Costs in 2020[M/OL]. Abu Dhabi: International Renewable Energy Agency, 2021. https://www.irena.org/publications/2021/Jun/Renewable-Power-Costs-in-2020.

[7] Jahan, Sarwat., Mario Catalan, Emilia Jurzyk, Simon Paroutzoglou, and Longmei Zhang. Improving the Allocation of Corporate Credit in China[R/OL]. Country Report No. 19/274, 2019. www.imf.org/en/Publications/CR/Issues/2019/08/15/Peoples-Republic-of-China-Selected-Issues-48593.

[8] Lam, W. Raphael, and Alfred Schipke. Chapter 11.State-owned Enterprise Reform [M]//W. Raphael Lam, Markus Rodlauer, and Alfred Schipke. Modernizing China: Investing in Soft Infrastructure. Washington, DC: International Monetary Fund, 2017.

[9] OECD. China's Belt and Road Initiative in the Global Trade,

Investment and Finance Landscape[M]//OECD. OECD Business and Finance Outlook 2018. Paris: OECD Publishing, 2018.

[10] Zhang, Longmei, and Wu Yuchen. Chapter 4 Credit Bonds[M]//Alfred Schipke, Markus Rodlauer, and Longmei Zhang. The Future of China's Bond Market. Washington DC: International Monetary Fund, 2019.